RÉPUBLIQUE FRANÇAISE

DÉPARTEMENT DE LA SEINE

PRÉFECTURE DE POLICE

RAPPORT

SUR

L'APPLICATION DES LOIS

RELATIVES AU TRAVAIL DANS L'INDUSTRIE

EN 1891 & 1892

PARIS
IMPRIMERIE ET LIBRAIRIE CENTRALES DES CHEMINS DE FER
IMPRIMERIE CHAIX
SOCIÉTÉ ANONYME
(Succursale B), 5 rue de la Sainte-Chapelle.

1893

RÉPUBLIQUE FRANÇAISE

DÉPARTEMENT DE LA SEINE

PRÉFECTURE DE POLICE

RAPPORT

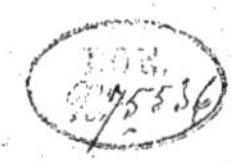

SUR

L'APPLICATION DES LOIS

RELATIVES AU TRAVAIL DANS L'INDUSTRIE

EN 1891 & 1892

PARIS
IMPRIMERIE ET LIBRAIRIE CENTRALES DES CHEMINS DE FER
IMPRIMERIE CHAIX
SOCIÉTÉ ANONYME
(Succursale B), 5 rue de la Sainte-Chapelle.

1893

RAPPORT

SUR

L'APPLICATION DES LOIS

RELATIVES AU TRAVAIL DANS L'INDUSTRIE

EN 1891 & 1892

Paris, le 15 mars 1893.

La Commission départementale supérieure du Travail des enfants et des filles mineures employés dans l'Industrie rédige, tous les ans, un rapport d'ensemble sur le service. Mais ce travail n'a pu être préparé pour 1891 et 1892 et la mission de la Commission est aujourd'hui terminée (Loi du 2 novembre 1892).

Il a semblé utile, cependant, de publier, en ce qui concerne ces deux dernières années, un rapport qui permettra de suivre, jusqu'à sa dernière heure, l'application de la loi du 19 mai 1874, dans le département de la Seine.

Ce rapport est nécessairement très sommaire : on n'y fait figurer que des constatations et l'on s'est borné à rappeler les avis principaux émis par la Commission départementale supérieure, par les assemblées générales des présidents et secrétaires des Commissions locales, par quelques Commissions locales et par le Service de l'Inspection.

LOI DU 9 SEPTEMBRE 1848

RELATIVE A LA

DURÉE DU TRAVAIL JOURNALIER DANS LES USINES ET MANUFACTURES

Pendant l'exercice 1891, le Service d'Inspection a rencontré 4.586 ateliers soumis à la loi de 1848 dont 2.310 relevaient également de la loi de 1874.

Les 2.310 ateliers employant des adultes ainsi que des enfants et des filles mineures et les 2.276 ateliers n'occupant que des adultes, se répartissent ainsi : 3.186 à Paris, avec 101.361 ouvriers des deux sexes, et 1.400 dans le reste du département de la Seine avec 46.583 ouvriers des deux sexes.

On peut évaluer à dix heures et demie la moyenne du travail journalier pour les ouvriers, alors que le travail effectif pour les ouvrières ne dépasse guère onze heures. Ce n'est que par intermittence que cette moyenne a été dépassée et a atteint douze heures, principalement chez les couturières et modistes.

La journée, dit la 20e Commission locale (Hommes), tend à descendre à neuf heures, surtout dans l'ameublement et autres industries de luxe (1).

Un arrêt dans la production a été fortement ressenti, en 1891, par l'industrie des fleurs et feuillages artificiels, ainsi qu'il résulte d'un rapport très long et intéressant, présenté à ce sujet par l'inspectrice de la 9e section (2).

La 21e *bis* Commission locale déclare avoir rencontré trois maisons réfractaires à la loi de 1848, et cela par intermittence. Elles exigent, des ouvriers adultes, quatorze et quinze heures de

(1) Recueil des rapports des Commissions locales, exercice 1891 (page 106).
(2) Rapports de l'Inspection, 2e semestre 1891 (page 39).

travail par jour, selon les besoins des commandes. Quoique ces maisons ne travaillent nullement pour le compte de l'État, elles n'ont pas moins déclaré qu'elles continueraient ainsi jusqu'au jour où il leur serait imposé d'agir autrement. Il va sans dire que l'Inspection a été appelée à surveiller ces maisons et à verbaliser en cas de contravention.

Une demande a été adressée à l'Administration, en 1891, par un constructeur d'appareils électriques et mécaniques, tendant à obtenir l'autorisation de faire travailler une partie de ses ouvriers treize ou quatorze heures par jour pendant un mois. Cette industrie n'étant pas comprise parmi celles que le décret du 17 mai 1851 autorise à prolonger éventuellement la journée de travail, un refus a été opposé à cette demande.

Un teinturier-dégraisseur, dont l'usine est située dans la banlieue de Paris, a été, en 1891, autorisé à prolonger de deux heures la durée de la journée de travail, pendant cent vingt jours. La même autorisation a été donnée, en 1892, à un blanchisseur-apprêteur.

Une question a été posée par la 21e Commission locale au sujet de la distinction que semble établir la loi du 9 septembre 1848 entre les *usines* et les *manufactures* (1).

Deux procès-verbaux ont été dressés, en 1891, contre des industriels pour infraction à la loi du 9 septembre 1848 :

Xe arrondissement. — Deux constructeurs-électriciens imposaient à cinq de leurs ouvriers treize heures de travail effectif par jour. — *Procès-verbal* (infraction à l'art. 1er de la loi du 9 septembre 1848). — Affaire classée par le Parquet.

XIe arrondissement. — Un mécanicien occupait à un travail effectif d'au moins treize heures par jour quinze de ses ouvriers. — *Procès-verbal* (infraction à l'article 1er de la loi du 9 septembre 1848). — Quinze fois 5 francs d'amende.

---

(1) Rapports annuels des Commissions locales. Exercice 1891 (page 117).

Aucune observation n'a été présentée, pour l'exercice 1892, et un procès-verbal seulement a été dressé pendant cette année :

X[e] arrondissement. — Un constructeur-mécanicien, sous prétexte de travaux urgents, faisait travailler un de ses ouvriers seize et dix-huit heures par jour. — *Procès-verbal* (infraction à l'article 1er de la loi du 9 septembre 1848). — 10 francs d'amende.

LOI DU 19 MAI 1874

RELATIVE AU

TRAVAIL DES ENFANTS ET DES FILLES MINEURES

EMPLOYÉS DANS L'INDUSTRIE

SECTION PREMIÈRE

Age d'admission. — Durée du travail (articles 1er, 2 et 3).

ARTICLE PREMIER. — Ainsi que l'on pourra s'en rendre compte dans ce rapport, la loi de 1874 continue à être observée sans difficulté, dans le département de la Seine, grâce au concours simultané des deux services : Inspection et Commissions locales.

La jeune population ouvrière protégée par la loi s'élevait, en 1891, au chiffre de 50.784, se répartissant ainsi :

Paris.	Enfants de 10 à 12 ans		Néant.
	— de 12 à 16 ans	garçons 12.542 filles . . 11.552	24.094
	Filles mineures de 16 à 21 ans		15.114
			39.208

Communes suburbaines	Enfants de 10 à 12 ans	garçons . 52 filles.... 4	56
	Enfants de 12 à 16 ans	garçons . 3.495 filles.... 3.670	7.165
	Filles mineures de 16 à 21 ans.........		4.355
			11.576

La plupart des ateliers (1) employant des enfants ou susceptibles d'en occuper sont aujourd'hui inspectés, et les conditions prescrites par la loi leur sont imposées.

Art. 2. — Les industriels reconnaissent que les enfants trop jeunes entraînent pour eux une lourde responsabilité. Aussi, l'article 2 de la loi de 1874, qui traite de l'âge d'admission des enfants dans les ateliers, continue à être bien exécuté.

Les quelques enfants âgés de moins de 12 ans, rencontrés dans les ateliers, où leur présence était interdite, ont aussitôt été renvoyés sans difficulté aucune par leurs patrons, qui les occupaient sans s'être enquis de leur âge, ou bien parce que ces enfants devaient atteindre, dans quelques jours, l'âge fixé par la loi pour leur admission dans ces ateliers.

Dans certaines industries, comme les verreries, où l'emploi des enfants est admis à partir de 10 ans, on constate également aujourd'hui une tendance à ne pas occuper d'enfants de cet âge.

(1) Sont compris dans ces ateliers, les orphelinats, ouvroirs, ateliers de charité, etc., dirigés par des congrégations religieuses ou par des laïques. L'inspectrice de la 2e section (IIIe, IVe et XIe arrondissements), dans son rapport du 1er semestre 1892, nous fait connaître qu'elle a dans sa circonscription plusieurs ouvroirs professionnels dirigés par des sœurs de Saint-Vincent-de-Paul. « Ces établissements, dit-elle, sont assez généralement en règle avec la loi ; le registre est régulièrement tenu à jour et les enfants, même les filles mineures, sont presque toutes munies du livret. Au point de vue de l'instruction primaire, les certificats d'études sont peu nombreux ; mais toutes les jeunes filles suivent les classes au moins deux heures par jour, la durée du travail n'excédant jamais sept heures. La loi est affichée dans chaque atelier. »

L'inspectrice de la 9e section (Xe arrondissement) présente les mêmes observations relativement aux deux ouvroirs qu'elle a été chargée de visiter, en 1892.

« L'une d'elles, dit l'inspecteur de la 13e section, sur 30 enfants, n'en employait qu'un seul de moins de 13 ans. Toutefois, cet heureux résultat tient peut-être autant à une situation locale favorable qu'à une bonne appréciation des services rendus par les enfants dans cette industrie. »

Cependant, 56 enfants âgés de moins de 12 ans, ont été rencontrés, en 1891, dans les industries dont la nomenclature accompagne le décret du 27 mars 1875, et principalement dans les verreries et les imprimeries à la main sur tissus.

D'autre part, l'obligation d'aller à l'école jusqu'à 13 ans, ou de produire le certificat d'études primaires, laisse peu d'enfants de 12 à 13 ans libres d'entrer à l'atelier ; ceux de cet âge rencontrés, en très petit nombre du reste, dans les ateliers, sont tous munis du certificat primaire exigé par la loi de 1882.

Art. 3. — Cet article a trait à la durée du travail quotidien des enfants. Il porte que : « A partir de 12 ans, ils ne pourront être employés plus de douze heures par jour divisées par des repos ».

La durée moyenne de la journée de travail pour les enfants et filles mineures est de dix heures. Elle atteint onze heures à certaines époques de l'année et dans quelques industries spéciales, telles que l'industrie du fer, pendant environ trois mois de l'année; mais c'est là une exception (1).

On constate même que, dans certaines maisons, la journée réglementaire n'est plus que de neuf heures, le patron désirant conserver tout son personnel au complet, alors qu'un ralentissement momentané du travail s'est produit dans son industrie (2).

Le rapport de la 13e Commission locale (Hommes) contient

---

(1) « Actuellement (1892), dit l'Inspecteur de la 2e section, dans beaucoup d'ateliers, la journée se trouve très réduite par suite du trouble profond apporté dans certaines industries, notamment la bijouterie et le bronze, par les nouveaux tarifs protecteurs. »

(2) « Le travail des enfants est essentiellement intermittent; les industriels ayant l'habitude de les employer une partie de la journée à faire des courses. » (Inspecteur de la 11e section) (1892).

des observations très intéressantes au sujet de la question des heures de travail. Cette Commission constate, tout d'abord, que :

4 enfants,	dans 2 ateliers,	travaillaient	neuf heures;
3	— 2	—	de neuf à dix heures;
105	— 58	ateliers, étaient soumis à un travail de dix h.;	
9	— 2	ateliers, travaillaient	douze heures;
17	— 6	—	treize heures;
6	— 3	—	quatorze heures.

Dans 11 ateliers, soit 12.2 0/0 et pour 32 enfants soit 22 0/0, le travail était de douze à quatorze heures, sans repos hebdomadaire régulier. En terminant cet exposé sommaire, la Commission insiste particulièrement sur cette situation regrettable qui fait que, dans un des arrondissements relativement les plus aisés de Paris (XIIIe arrondissement), le travail s'élève pour 22 0/0 des enfants de douze à quatorze heures.

D'ordinaire, on attribue cet état de choses à l'exploitation sans conscience des patrons ou à la rapacité des parents.

De l'avis de la 13e Commission locale, la cause principale en est dans le caractère de notre législation ouvrière. Cette opinion surprendra (1).

SECTION II

Travail de nuit, des dimanches et jours fériés (articles 4, 5 et 6).

Art. 4. — On vient de voir que, à part quelques exceptions, le travail effectif des enfants et filles mineures s'élevait à peine à dix heures par jour. Aussi, on ne saurait craindre actuellement des infractions à l'article 4, qui interdit les veillées pour cette catégorie de travailleurs.

(1) Voir rapports des Commissions locales, exercice 1891 (page 59).

Des renseignements très intéressants nous sont fournis par l'inspectrice de la 7e section (1) dans ses deux rapports 1891 et 1892, au sujet des ateliers de couture et des veillées imposées aux ouvrières adultes : « Dans la mode, dit cette inspectrice, un courant nouveau s'est manifesté; quelques patronnes de bonne volonté, rompant avec les vieilles habitudes, ont renoncé à nourrir leurs ouvrières, le soir, et les renvoient à 7 heures. C'était le meilleur moyen pour éviter le travail du soir et permettre à toutes ces femmes de vivre un peu de la vie de famille. La couture fait aussi ses efforts : une Chambre syndicale cherche à concilier tous les intérêts en jeu. Pour ne citer qu'un fait, elle assure aux ouvrières dont les patrons font partie de l'Association, un salaire pendant les quatre semaines qui suivent leurs couches, et les aide à trouver du travail chez lesdits patrons. Malheureusement les membres de cette Chambre syndicale sont encore trop peu nombreux pour voir leurs efforts obtenir tous les bienfaits qui résulteraient d'une entente générale. »

En constatant la tendance à supprimer, pour les filles mineures et les femmes, le travail prolongé dans la nuit, l'inspectrice de la 5e section signale les fabriques de couronnes funéraires et les fabriques de fleurs en porcelaine, où les veillées ont été moins longues que d'habitude, dans la période qui a précédé, en 1891, les fêtes de la Toussaint. Or, cette situation ne se serait pas maintenue en 1892, puisque l'inspectrice de la 6e section déclare que dans cette industrie, les femmes ont travaillé jusqu'à 10 et 11 heures du soir ainsi que le dimanche, pendant les trois semaines qui ont précédé la Toussaint.

Dans son rapport (1892), l'inspectrice de la 8e section a appelé notre attention sur le fait suivant : « Les journées des ouvrières fleuristes et plumassières n'excèdent pas onze heures à l'atelier : le supplément d'ouvrage, qui était autrefois accidentel-

(1) Rapports de l'Inspection, 2e semestre 1891 (page 35), 1er semestre 1892 (page 29).

lement fait en veillées, est confié aux ouvrières qui le terminent à domicile : de cette façon, patrons et employés éludent la loi, et il ne nous est plus possible d'en exiger l'application en dehors du travail exécuté dans les ateliers. »

Toutefois, comme l'a souvent signalé l'inspectrice de la 9e section, il est regrettable de voir, dans certains métiers, les enfants qui ont à peine dépassé 16 ans, livrés à un surmenage véritablement fâcheux pour des jeunes filles de cet âge, les patrons usant de leur droit, et l'Inspection étant impuissante à les protéger. Mais déjà, dans le département de la Seine, ces idées de protection, principalement pour l'ouvrière adulte, entrent dans le cours des faits avant qu'elles ne soient édictées par une loi.

On ne peut que se féliciter de ce résultat.

Des tolérances existent, en faveur de quelques industriels tels que pâtissiers, etc. La Commission départementale supérieure estime qu'elles sont très regrettables ; car si ces tolérances étaient supprimées, l'industrie se règlerait d'elle-même et on obtiendrait, avec un cours plus régulier, un très grand avantage : la suppression du chômage.

Des observations ont été présentées par la 17e Commission locale (Dames) quant à la vérification des heures de travail : « Nous n'avons, dit cette Commission, dans l'état actuel, aucun moyen de contrôler les déclarations qui nous sont faites par les patrons ou par les enfants ; et dans l'intérêt même de celles-ci (qui ne trouvent pas facilement du travail), nous avons dû éviter toute recherche précise qui risquerait de faire perdre leur place aux enfants employées ; mais notre conviction est que, d'un commun accord, on dépasse, quand cela paraît nécessaire aux commandes, l'heure légale, sans grand souci des prescriptions de la loi. Le mal est encore plus grand dans le commerce (que nous n'avons pas à surveiller, il est vrai). Quant aux ateliers, les conditions hygiéniques des veillées et leurs conséquences morales sont encore plus fâcheuses pour la jeunesse que le travail supplémentaire lui-même ; les faits, à Paris, sont trop connus pour qu'il soit besoin d'insister. »

Les veillées sont également très rares dans la banlieue, où les conditions de travail ne sont plus les mêmes qu'à Paris. Là, les maisons de modes ou de couture sont peu importantes. De nombreux blanchisseurs de gros emploient des jeunes filles ; mais aucun d'eux ne fait travailler la nuit.

Comme conclusion, l'article 4 est bien observé dans tous les ateliers du département.

Déjà, en 1891, la loi actuelle du 2 novembre 1892 sur le travail des enfants, des filles mineures et des femmes employés dans l'industrie était votée par la Chambre des Députés et renvoyée au Sénat. Or, quelques membres des Commissions locales s'émurent, à cette époque, de certaines dispositions contenues dans le projet de loi. Un de ces membres, M. Francolin, déposait, lors de la réunion générale des Présidents, Présidentes et Secrétaires des Commissions tenue le 14 mai 1891, un vœu tendant à la suppression des exceptions prévues aux articles 4 (§ 3, 4, 5 et 6) et dans plusieurs autres articles de la nouvelle loi alors en discussion devant le Sénat.

La proposition développée par M. Francolin et consistant à demander la suppression des paragraphes de la loi qui comportent des exceptions fut adoptée par l'Assemblée. A ce propos, M. Robiquet crut devoir expliquer ainsi son vote : « J'ai voté dans le sens de l'amendement parce que je trouve que la moralité qu'il faut tirer de ce débat, c'est que nous avons beaucoup trop de lois, puisqu'on est obligé de retirer dans un paragraphe ou dans un article ce qu'on accorde dans un autre. On pose des principes très généraux et ensuite, dans des règlements d'administration publique, on détruit toute la loi. J'estime que nous faisons beaucoup trop de lois et que nous n'arrivons qu'à des résultats médiocres. »

Des observations ont également été présentées au sujet de l'article 4 du nouveau projet de loi, par M. Vaillant, lors de la séance de la Commission départementale supérieure, tenue le 10 novembre 1892. Cet article porte au § 2 : « Tout travail entre 9 heures du soir et 5 heures du matin est considéré comme travail de nuit ; toutefois, le travail sera autorisé de 4 heures du matin à 10 heures du soir quand il sera réparti entre deux postes d'ouvriers ne travaillant pas plus de neuf heures chacun. Le travail de chaque équipe sera coupé par un repos d'une heure au moins. »

M. Vaillant craint que la surveillance ne soit pas effective surtout dans l'exécution des prescriptions relatives aux relais, dont il est également question à l'article 11. Pour éviter les abus qui pourront se produire facilement, il serait d'avis d'établir ces relais, « puisqu'on les a malheureusement autorisés », d'une manière très distincte afin que les patrons ne puissent pas frauder, par une confusion des relais, ce qui serait une aggravation à la situation, en augmentant ainsi la durée du travail. M. Vaillant ajoute qu'en Angleterre la loi interdit absolument les relais. Il demande donc que par l'intervalle du repos ou d'un temps de repos obligé, on sépare les relais l'un de l'autre, de telle façon qu'on ne puisse les confondre et faire passer un enfant, de l'un dans l'autre.

M. l'Inspecteur divisionnaire crut devoir donner, à ce sujet, les explications nécessaires et concluait en déclarant qu'une des principales préoccupations du Ministère serait de rechercher les moyens pour éviter les fraudes qu'il craint lui-même de voir se produire. Déjà la loi prévoit l'affichage de tableaux indiquant les conditions du travail dans le cas où deux équiqes travaillant chacune neuf heures, divisées par un repos d'une heure, seraient organisées dans un atelier. Dans certaines industries, un roulement se fera entre quatre équipes.

M. Vaillant demanda alors à la Commission, qui accepta cette proposition, d'inviter M. l'Inspecteur divisionnaire à réclamer de l'Administration supérieure, l'inscription dans les règlements d'administration publique et dans les circulaires ministérielles, de toutes les mesures possibles de prévention des fraudes dans l'usage des relais et dans la pratique de la loi si complexe et dans tant de cas exceptionnels qui en rendent l'application difficile.

M. l'Inspecteur divisionnaire a accepté cette mission.

Art. 5. — Une surveillance toute spéciale a été exercée, en 1891, au point de vue du travail des enfants et des filles mineures, le dimanche ; et nous pouvons assurer qu'alors, l'article 5 de la loi était assez généralement observé.

Si l'on veut nous le permettre, nous nous étendrons tant soit peu sur cette question qui a fait l'objet de nombreuses observations de la part du Service de l'Inspection :

« On ne fait plus de travail industriel ce jour-là, » dit la 20e Commission (Hommes). Et la 21e *bis*, ainsi que l'Inspecteur de la 13e section, déclarent que « le rangement d'atelier paraît être le seul travail qui soit maintenant demandé aux enfants, le dimanche ; et encore, dans les longs jours, le leur fait-on faire le samedi, après la journée. Cette habitude est si vieille et la chose paraît si naturelle que, malgré toutes les observations, un trop grand nombre de patrons font encore venir les enfants le dimanche matin. Mais ce n'est que dans les petits ateliers que cette habitude est conservée. »

Parmi ces industriels, la 3e Commission (Hommes) signale les jeunes emballeurs comme étant souvent occupés le dimanche matin.

Chaque année, l'attention de la Commission départementale supérieure était appelée sur l'emploi des enfants ce jour-là, dans certaines industries touchant à l'alimentation telles que les charcuteries, boucheries et pâtisseries et pour lesquelles le dimanche est le jour de grande vente. Voici, à ce sujet, l'avis de l'inspecteur de la 1re section :

« Le genre de travail auquel se livrent ces jeunes gens, et qui consiste principalement à aller porter les commandes aux différents clients, est beaucoup moins malsain que le travail dans des laboratoires qui sont souvent trop petits, eu égard au nombre d'ouvriers qu'ils renferment, et qui laissent parfois à désirer sous le rapport de l'aération. Le travail du dimanche est d'ailleurs toléré par la circulaire ministérielle du 18 octobre 1880. »

L'inspecteur de la 10e section annonce que : « Sur ce point spécial du repos hebdomadaire, la nouvelle loi nous permettra de

« Les blanchisseuses, disait à ce propos Mme Bonnevial, si elles ont besoin d'aide pour reporter le linge le dimanche, n'ont qu'à employer leurs ouvrières qu'elles paient, au lieu d'apprenties qu'elles ne paient pas. »

M. l'Inspecteur divisionnaire voulut bien, à ce moment, éclairer l'Assemblée sur ce qui avait été fait envers cette catégorie d'industrielles et sur ce qui interviendrait par la suite. Il conclut ainsi : « L'observation présentée par Mme la Présidente de la 19e Commission locale peut se justifier dans une certaine mesure. Mais la loi nouvelle lui donnera complète satisfaction. Cette loi dit en effet, dans son article 5, que les industriels seront obligés d'accorder un jour de repos par semaine aux enfants, mais elle ne fixe plus le jour du dimanche pour ce repos. Si les blanchisseuses de Paris prennent l'habitude de donner le lundi comme jour de congé, elles pourront, dès lors, si cela est nécessaire, employer les enfants le dimanche matin sans enfreindre la loi. »

Nous avons constaté que contrairement à ce qui s'est passé à Paris, aucune résistance ne s'est produite dans les grands ateliers de blanchissage établis dans la banlieue, ces maisons étant moins atteintes dans leurs intérêts, car il n'est pas d'usage d'aller rendre le linge le dimanche aux clients qui, en partie, habitent Paris.

SECTION IV

Instruction primaire (articles 8 et 9).

Art. 8. — Il est dit à l'article 3, que les enfants âgés de moins de 12 ans pourront être autorisés à travailler dans certaines industries, mais pendant six heures seulement par jour, divisées par des repos. Or, l'article 8 impose également à ces enfants une seconde condition : ils devront justifier qu'ils fréquentent une école publique ou privée pendant le temps libre du travail ; et si une école spéciale est attachée à l'établissement, ils recevront l'instruction pendant deux heures au moins.

Nous venons de voir que peu d'enfants de cet âge ont été, en 1891 et 1892, employés dans l'industrie; aussi n'est-il constaté aucune infraction à l'article 8 de la loi de 1874.

Les cours dits de demi-temps, institués à cet effet en 1881 dans certaines écoles de Paris, sont la plupart supprimés aujourd'hui. Alors que leur nombre, en 1881, s'élevait à 65, c'est à peine si on en compte 15 actuellement, 9 pour garçons et 6 pour filles, et encore, ces cours sont-ils peu fréquentés. Le seul qui existât depuis longtemps dans le XVIIIe arrondissement, a été supprimé pendant l'année 1891. Cependant, le XIe arrondissement a toujours conservé les cours qui y ont été créés. Contrairement à l'avis exprimé par un grand nombre de Commissions locales et par le Service de l'Inspection, la 21e Commission (Dames) (XIe arrondissement), constatait que les écoles de demi-temps étaient toujours fréquentées comme par le passé: « Elles deviennent, disait-elle, de plus en plus nécessaires. Les patronnes n'admettent plus comme employées que les jeunes filles possédant au moins le certificat d'instruction élémentaire, parce qu'elles ne veulent pas s'engager à les envoyer à l'école de demi-temps. Un certain nombre d'enfants qui n'ont pu fréquenter régulièrement l'école, par raison de santé ou pour toute autre cause, ne trouveraient pas à se placer, si l'école de demi-temps n'existait pas. C'est pourquoi la 21e Commission locale renouvelle le vœu que les écoles de demi-temps ne soient pas supprimées. » D'autre part, la 21e *bis* Commission (Dames) du même arrondissement, déclarait que le cours de demi-temps établi à l'école communale de la cité Voltaire, 8, était fréquenté par douze élèves, alors que vingt élèves y étaient inscrites.

Quant aux écoles de fabriques, il n'en existe pas à Paris. On en trouve sept dans la banlieue; mais celles-ci, en outre du petit nombre d'enfants âgés de moins de 12 ans qu'elles reçoivent, sont fréquentées également par les enfants de moins de 15 ans qui n'ont pas encore pu obtenir le certificat d'instruction primaire élémentaire

Écoles de demi-temps existant à Paris en 1891 et 1892.

(Classes spéciales de 4 heures 1/2 à 7 heures.)

DÉSIGNATION des ARRONDISSEMENTS	SITUATION DES ÉCOLES où ONT LIEU LES COURS : GARÇONS	FILLES
IIIe	Rue Béranger.	»
Ve	Rue de Pontoise, 21.	Rue de Pontoise, 21.
VIIe	Avenue de La Motte-Piquet.	»
Xe	»	Avenue Parmentier, 179.
XIe	Boulevard de Belleville, 77. Rue Bréguet, 15. Rue Saint-Bernard, 20. Rue Alexandre-Dumas, 3.	Rue Oberkampf, 13. Cité Voltaire. Rue Keller, 8.
XIVe	Rue Boulard.	»
XVIIe	Rue Legendre.	Rue de Salneuve.

Visas des certificats d'instruction délivrés aux enfants employés dans l'industrie, pendant l'année 1891, par les Mairies des communes de l'arrondissement de SCEAUX.

CANTONS	COMMUNES	VISAS délivrés aux enfants : Garçons	VISAS délivrés aux enfants : Filles	TOTAL par commune	TOTAL par canton
CHARENTON	Alfortville	49	39	88	516
	Bonneuil	»	»	»	
	Bry-sur-Marne	3	2	5	
	Champigny	16	13	29	
	Charenton	11	20	31	
	Créteil	7	5	12	
	Joinville-le-Pont	11	28	39	
	Maisons-Alfort	23	30	53	
	Nogent-sur-Marne	20	41	61	
	Le Perreux	13	21	34	
	Saint-Maur	40	77	117	
	Saint-Maurice	14	15	29	
SCEAUX	Antony	8	10	18	498
	Bagneux	11	12	23	
	Bourg-la-Reine	5	11	16	
	Châtenay	4	43	47	
	Châtillon	7	4	11	
	Clamart	6	13	19	
	Fontenay-aux-Roses	9	11	20	
	Issy	45	52	97	
	Malakoff	19	31	50	
	Montrouge	52	80	132	
	Plessis-Piquet	1	1	2	
	Sceaux	13	9	22	
	Vanves	26	33	59	
	A reporter	413	601	1.014	1.014

CANTONS	COMMUNES	VISAS délivrés aux enfants : Garçons	VISAS délivrés aux enfants : Filles	TOTAL par commune	TOTAL par canton
	Report	413	601	1.014	1.014
VILLEJUIF	Arcueil	40	44	84	449
	Chevilly	2	1	3	
	Choisy-le-Roi	9	10	19	
	Fresnes	»	11	11	
	Gentilly	74	71	145	
	Ivry	47	32	79	
	L'Hay	»	»	»	
	Orly	1	»	1	
	Rungis	1	»	1	
	Thiais	3	3	6	
	Villejuif	5	10	15	
	Vitry	31	54	85	
VINCENNES	Fontenay-sous-Bois	9	11	20	461
	Montreuil	130	91	221	
	Saint-Mandé	19	49	68	
	Villemomble	9	9	18	
	Vincennes	45	82	127	
	Rosny	4	3	7	
	TOTAUX	842	1.082	1.924	1.924
	ENSEMBLE	1.924			

Visas des certificats d'instruction délivrés aux enfants employés dans l'industrie, pendant l'année 1891, par les Mairies des communes de l'arrondissement de SAINT-DENIS.

CANTONS	COMMUNES	VISAS délivrés aux enfants : Garçons	VISAS délivrés aux enfants : Filles	TOTAL par commune	TOTAL par canton
COURBEVOIE	Asnières	40	61	101	
	Colombes	44	26	70	
	Courbevoie	12	50	62	
	Gennevilliers	37	24	61	605
	Nanterre	11	11	22	
	Puteaux	127	151	278	
	Suresnes	5	6	11	
PANTIN	Bagnolet	39	40	79	
	Bobigny	»	»	»	
	Bondy	3	8	11	
	Le Bourget	»	»	»	
	Drancy	»	»	»	619
	Noisy-le-Sec	4	8	12	
	Pantin	140	138	278	
	Pré-Saint-Gervais	53	55	108	
	Romainville	5	6	11	
	Les Lilas	56	64	120	
	A reporter	576	648	1.224	1.224

CANTONS	COMMUNES	VISAS délivrés aux enfants : Garçons	VISAS délivrés aux enfants : Filles	TOTAL par commune	TOTAL par canton
	Report	576	648	1.224	1.224
NEUILLY	Neuilly	21	40	61	
	Boulogne	112	168	280	1.132
	Clichy-la-Garenne	161	152	313	
	Levallois-Perret	165	313	478	
SAINT-DENIS	Aubervilliers	88	80	168	
	La Courneuve	6	3	9	
	Dugny	»	2	2	
	Épinay	9	9	18	
	Ile-Saint-Denis	6	5	11	
	Pierrefitte	1	2	3	786
	Saint-Denis	57	72	129	
	Saint-Ouen	249	171	420	
	Stains	8	11	19	
	Villetaneuse	4	3	7	
	Totaux	1.463	1.679	3.142	3.142
	Ensemble	3.142			

Visas des certificats d'instruction délivrés aux enfants employés dans l'industrie, pendant l'année 1891, par les Mairies de PARIS.

ARRONDISSEMENTS	VISAS DÉLIVRÉS AUX ENFANTS		TOTAL par ARRONDISSEMENT
	GARÇONS	FILLES	
Ier.	77	125	202
IIe.	28	22	50
IIIe	147	97	244
IVe	65	56	121
Ve.	316	371	687
VIe	70	23	93
VIIe.	103	275	378
VIIIe	41	36	77
IXe	66	78	144
Xe	245	313	558
XIe	627	716	1.343
XIIe.	348	449	797
XIIIe	759	717	1.476
XIVe	483	517	1.000
XVe.	528	584	1.112
XVIe	153	119	272
XVIIe	184	183	367
XVIIIe. . . .	438	378	816
XIXe.	349	253	602
XXe.	589	560	1.149
Totaux. . .	5.616	5.872	11.488
Ensemble . .	11.488		

ARRONDISSEMENTS	VISAS DÉLIVRÉS AUX ENFANTS		TOTAL
	GARÇONS	FILLES	
	ANNÉE 1891		
Paris	5.616	5.872	11.488
Saint-Denis	1.463	1.679	3.142
Sceaux	842	1.082	1.924
	7.921	8.633	16.554
	ANNÉE 1892		
Paris	5.228	5.408	10.636
Saint-Denis	1.484	1.756	3.240
Sceaux	827	1.118	1.945
	7.539	8.282	15.821

Art. 9. — Pour pouvoir travailler plus de six heures par jour, les enfants n'ayant pas encore atteint la quinzième année, doivent justifier par la production d'un certificat de l'instituteur ou de l'inspecteur primaire, visé par le Maire, qu'ils ont acquis l'instruction primaire élémentaire.

On sait que la loi scolaire du 28 mars 1882 oblige les enfants à fréquenter l'école jusqu'à 13 ans. Or, de par la loi du 19 mai 1874, les enfants âgés de 12 ans pouvaient travailler dans l'industrie, au moins six heures par jour, sans certificat d'instruction. Il est vrai de dire que les enfants de cette catégorie sont peu nombreux.

Sur 20.167 enfants de 12 à 15 ans rencontrés dans les ateliers pendant l'exercice 1891, 13.679 ont pu justifier du certificat exigé par l'article 9 de la loi de 1874, soit une moyenne de 67 0/0; mais cette moyenne devait être plus élevée, si l'on considère que bon nombre d'enfants, bien que possédant leur certificat d'instruction élémentaire, n'avaient pu le présenter aux inspecteurs, pour diverses causes déjà signalées dans nos précédents rapports.

Le nombre des visas apposés sur les certificats d'instruction, par les Maires de Paris ou des communes suburbaines, s'est élevé, pour l'année 1891, au chiffre total de 16.554, et pour l'année 1892, au chiffre total de 15.821.

En interrogeant les enfants rencontrés dans les ateliers, l'Inspection a pu vérifier que la plupart d'entre eux possédaient une instruction élémentaire suffisante.

Le rapport de la Commission départementale supérieure pour l'exercice 1890, portait que des inspecteurs avaient pu relever encore bon nombre de certificats qui auraient été délivrés par complaisance. Ce fait a frappé l'attention de M. le Préfet de la Seine, qui, par une lettre du 19 septembre 1892, a fait connaître qu'à différentes reprises des instructions formelles avaient été données au personnel enseignant en vue d'assurer la parfaite régularité de la délivrance de ces certificats. Aussi, avait-il lieu d'être étonné de voir ses instructions mises en oubli. M. le Préfet demanda, en conséquence, et cela dans l'intérêt des instituteurs dont l'honorabilité professionnelle serait atteinte par des soupçons de cette nature et qu'il devait, dès lors, ou défendre ou blâmer selon que ces soupçons se trouveraient ou non justifiés et, aussi bien dans l'intérêt des enfants eux-mêmes, il demanda, disons-nous, d'être avisé toutes les fois que le Service de l'Inspection du travail dans l'industrie croirait reconnaître, dans un certificat délivré, une attestation de pure complaisance.

Notification de cette demande a été faite au Service de l'Inspection, qui veilla — la Commission départementale supérieure n'en doute pas — avec plus de soin encore, à la régularité des certificats d'instruction.

Nous ne pouvons passer sous silence une des principales raisons invoquées par un grand nombre d'enfants comme justification de l'absence de leur certificat d'instruction (1) : ceux-ci ont

(1) On croyait généralement, depuis la nouvelle loi scolaire de 1882, que les enfants âgés de plus de 13 ans n'avaient plus besoin de cette pièce pour entrer dans un atelier.

déclaré, comme il résulte des rapports de l'inspectrice de la 11e section (cantons de Saint-Denis et Pantin, communes de Levallois et Clichy), de l'inspectrice de la 12e section (communes de Boulogne et Neuilly), et de l'inspecteur de la 8e section (IIe et IXe arrondissements de Paris), que cette pièce présentée par eux à la Mairie pour retirer le livret prescrit par l'article 10, leur était retenue par les employés de la Mairie, comme n'étant plus utile.

L'attention de MM. les Maires a été appelée sur ces faits, qui avaient comme conséquence grave de mettre en contravention les industriels qui employaient, pendant douze heures par jour, des enfants non munis de leur certificat.

Dans son rapport pour le 1er semestre 1891, l'inspecteur de la 13e section a fait une observation que nous croyons juste. Le temps passé à l'école par l'enfant doit être indiqué au verso de la première page du livret remis par les Maires (article 10). D'après cet inspecteur, cette formalité serait sans importance aujourd'hui: « Si, dit-il, l'enfant possède un certificat d'instruction et que ce certificat soit valable, peu importe alors que l'enfant l'ait obtenu après avoir passé à l'école un temps plus ou moins long. » De cette appréciation, on peut en déduire que la mention sur le livret, du temps passé à l'école, peut être supprimée sans difficulté.

Nous citerons également la 20e Commission (Hommes), qui, dans son rapport de 1891, faisait connaître que sur les livrets, la page relative à l'instruction était remplie de différentes manières par les Mairies; quelques-uns de ces livrets ne portaient aucune mention; d'autres indiquaient seulement que l'enfant avait obtenu le certificat d'instruction et quelques-uns ne contenaient que le temps passé à l'école, cette mention étant encore exigée sur le registre tenu par le patron, d'après la loi de 1874. « Les Commissions locales, ajoutait la 20e Commission, ont émis dans leur Assemblée générale du mois de mai 1891, le vœu que pour renseigner le patron et lui éviter une contravention pour ainsi dire ridicule, la mention du temps passé à l'école fût portée au livret; mais la loi permettant la délivrance du livret sur la seule constatation de l'état-civil, il en résulte qu'un très grand nombre de livrets ne portent pas cette mention. »

D'autre part, les inspectrices des 1re et 3e sections ont demandé qu'un certificat de sortie fût délivré à tout enfant ayant fini son temps d'école. L'une d'elles disait : « Ce certificat signalerait à notre attention les instituteurs qui persisteraient à refuser de délivrer cette pièce aux enfants âgés de moins de 13 ans. »

En général, on constate que la connaissance du système métrique laisse souvent à désirer; c'est la note faible de la plupart des certificats.

Au sujet du nombre des certificats délivrés, l'inspecteur de la 7e section a constaté dans les statistiques produites pendant le cours de son inspection, un curieux résultat : c'est la persistance constante de la supériorité très sensible du pourcentage, pour les livrets et les certificats d'instruction primaire, des filles sur les garçons. « Ainsi, dit-il, dans le 2e semestre 1891, voici les proportions :

» Livrets. — Garçons, 88,6 %; filles, 92,8 %.

» Certificats. — Garçons, 72 %; filles, 80 %.

» Les semestres précédents ont donné des résultats semblables, comme je le constatais encore dans mon rapport du 1er semestre 1891. Le champ est ouvert aux hypothèses pour découvrir la raison de cette supériorité, cette fois, du sexe faible sur le sexe fort. Pour ma part, je n'en découvre aucune, si ce n'est, peut-être, que les filles sont naturellement plus sensibles aux observations du patron ou de l'inspecteur. »

Cette remarque a également été faite par l'inspecteur de la 3e section : « Le nombre des *certificats d'instruction primaire* délivrés aux jeunes filles est supérieur de 10 % à celui des certificats délivrés aux garçons. »

L'inspecteur de la 8e section donne 51 sur 53.

Dans la 13e section, la différence est peu sensible : 97 % pour les garçons, et 96 % pour les filles.

On a pu voir également, dans les tableaux précédents, que le nombre des certificats des filles était plus élevé que celui des garçons. Il est à remarquer, toutefois, que le nombre des *certificats d'études* est peu élevé chez les filles employées dans l'industrie. Ainsi, en 1892, l'inspecteur de la 3e section compte 96 garçons et 13 filles âgés de moins de 15 ans, comme possédant ce certificat. « Chez les garçons surtout, dit l'inspecteur de la 4e section, la progression des certificats d'études arrive à s'élever presque jusqu'au tiers du nombre total des certificats, et presque jusqu'au cinquième pour les filles. » Et l'inspecteur de la 15e section fait observer à ce sujet que « si les certificats d'études sont moindres pour les filles que pour les garçons, dans sa circonscription, cela provient sans doute de la nature des industries qui s'y trouvent et dans lesquelles relativement peu de filles sont employées.

M. l'Inspecteur divisionnaire ayant, dans son rapport sur l'exercice 1890, exposé que les enfants âgés de 12 à 13 ans, rencontrés dans les ateliers, bien qu'en petit nombre, étaient, la plupart, des écoliers n'ayant pu trouver place dans les écoles publiques, M. le Préfet de la Seine (direction de l'Enseignement) demanda la liste nominative des enfants dont il était fait mention dans ce rapport, afin d'aviser aux mesures à prendre en vue de remédier à cette situation. Le Service de l'Inspection ne connaissant que deux catégories déterminées par la loi du 19 mai 1874, — enfants âgés de 12 à 15 ans et ceux âgés de 15 à 16 ans — n'avait pas relevé d'une manière spéciale le nombre des enfants âgés de 12 à 13 ans. C'était à titre officieux que l'Inspection, venant à constater au cours de ses visites que les enfants de 12 à 13 ans étaient plus ou moins nombreux dans les ateliers, avait cherché à connaître les motifs de leur présence. On avait appris ainsi que le défaut de place dans les écoles était une des causes principales de l'entrée des enfants de cet âge dans l'industrie. Le Service de l'Inspection, qui n'a dans ses attributions que l'application de la loi de 1874, s'était borné à relever le fait à toutes fins utiles ; mais afin de donner, au moins pour l'avenir, satisfaction à M. le Préfet de la Seine, les noms et adresses des enfants de moins de

13 ans, rencontrés dans les ateliers furent, à l'avenir, relevés, autant que possible.

SECTION V

Surveillance des enfants — Police des ateliers
(articles 10, 11, 12, 13, 14 et 15).

ART. 10. — *1° Livrets.* — Des constatations faites par le Service de l'Inspection, il résulte que sur les 31,315 enfants rencontrés, en 1891, dans les ateliers et soumis à la loi de 1874, 25,575 étaient munis du livret prescrit par l'article 10. Comme on le voit, les livrets produits sont encore inférieurs au nombre des enfants rencontrés dans les ateliers. Les causes de cet état de choses sont les mêmes que celles signalées dans nos précédents rapports.

Par suite de l'application de la loi du 2 juillet 1890, le Service de l'Inspection a invité les industriels employant des filles âgées de 16 à 21 ans, à exiger d'elles le livret que cette nouvelle loi leur imposait. Inutile de dire que ce service s'est trouvé en présence d'une très grande résistance, non de la part des patrons, mais des ouvrières mêmes. « L'esprit d'indépendance, dit l'inspectrice de la 3e section, qui caractérise l'ouvrière travaillant en atelier, lui fait refuser trop volontiers de se soumettre à l'obligation que la loi lui impose. » Toutes les inspectrices s'accordent à reconnaître qu'il est très difficile d'obtenir de cette catégorie d'ouvrières, le livret exigé depuis 1890. Mais c'est principalement chez les blanchisseuses que se présente une réelle difficulté. En effet, ces industrielles n'emploient des filles de cet âge, dites ouvrières, que un, deux et trois jours par semaine : ces mineures travaillent dans plusieurs maisons et ne possèdent qu'un livret. Elles ne peuvent donc être en règle partout. Et comment l'inspectrice pourrait-elle constater l'infraction? Pour pouvoir présenter leur livret, les jeunes ouvrières devraient-elles le porter toujours sur elles, ou dans leur panier? Aussi, les jeunes filles ayant dépassé 16 ans mettent-elles peu d'empressement à se procurer un autre livret, lorsqu'elles ont perdu celui qu'elles possédaient. Dans certains ateliers, on déclare que tout le personnel est majeur; et, si on interroge ces mineures, elles répondent qu'elles viennent d'avoir 21 ans ou bien qu'elles sont mariées.

L'inspectrice de la 8e section signale, ainsi qu'il suit, une nouvelle tendance chez quelques industrielles visitées par elle : « Dans une maison nouvellement inspectée et occupant des filles mineures, la patronne a déclaré que les jeunes filles trouvées par moi étaient ses employées et non des ouvrières et que, jusqu'à présent, aucun article de loi n'avait visé les employées. Dans cette maison les jeunes filles sont soumises à un état manuel : elles sont logées, nourries, payées au mois et engagées à titre d'employées. Il en résulte qu'elles font quelquefois treize et même quatorze heures dans un moment de grande presse, l'industriel se croyant ainsi dans son droit. »

Sur le nombre des jeunes filles de 16 à 21 ans rencontrées dans les ateliers, on peut évaluer à environ un tiers celles qui étaient munies du livret exigé par la loi de 1890. Comme il est très recommandé aux jeunes filles sur le point d'atteindre leur seizième année, de garder leur livret, on doit estimer que le nombre des livrets augmentera, à l'avenir, dans de grandes proportions.

Plusieurs Mairies, malgré les instructions adressées à ce sujet par la Préfecture de Police, n'ont pas toujours prêté un concours attentif à l'application de la loi. Quelques-unes ont refusé, pendant assez longtemps, le livret aux jeunes filles de 16 à 21 ans qui désiraient se conformer à la loi de 1890. On s'accordait également à reprocher aux Mairies d'oublier d'indiquer sur les livrets le temps pendant lequel l'enfant avait suivi l'école, ainsi que le prescrit l'article 10 de la loi de 1874.

Dans certaines Mairies on exigeait, pour l'obtention du livret, le certificat d'instruction, alors même que l'enfant avait dépassé l'âge où il était exigible, ou bien on envoyait les postulants dans l'arrondissement où l'enfant était né ou dans celui du domicile des parents alors que le livret pouvait être délivré, indistinctement, dans toute Mairie.

Une inspectrice constatait dans une commune de sa section, que le Maire visait les livrets des jeunes filles de deux ouvroirs importants, laissant ainsi aux religieuses le soin de porter, sur ces livrets, les mentions exigées. Dans une autre Mairie suburbaine, les employés, prenant à la lettre l'article 10 de la loi, ne voulaient remettre les livrets qu'aux parents ou tuteurs des enfants; et comme ces personnes ne pouvaient facilement se déranger, les enfants restaient sans livret. Il faut espérer que de nouvelles instructions suffiront pour faire cesser ces irrégularités.

L'inspectrice de la 1re section a fait observer que par la façon dont les livrets étaient donnés, ils n'avaient plus aucune importance aux yeux de l'enfant : « ou ils sont remis inconsidérément, — des enfants ont pu en obtenir jusqu'à deux ou trois successivement, — ou ils sont refusés non moins inconsidérément. Une réforme s'impose à cet égard, si l'on veut que l'article 10 de la loi du 19 mai 1874 soit observé. » L'inspectrice de la 7e section dit également : « Une patronne portant beaucoup d'intérêt à ses apprenties m'a déclaré qu'elle renonçait à s'occuper du livret de ces enfants et qu'elle ne croyait pas devoir attacher tant d'importance à un document qu'on pouvait se procurer plusieurs fois et que les enfants abandonnaient sans même finir le temps convenu de l'apprentissage? » En effet, l'enfant, lorsqu'il a remis son livret à son patron ne s'en soucie plus autrement. « Il quitte la maison qui l'emploie, retourne à la Mairie en chercher un autre, pour lui permettre d'entrer dans un nouvel atelier ; cet abus diminue considérablement la valeur du livret. » (Inspecteur de la 3e section.)

Nous citerons également l'appréciation de l'inspectrice de la

10ᵉ section : « Beaucoup de livrets sont laissés chez d'anciens patrons, qui de leur côté, las de garder des livrets non réclamés, s'en désintéressent et se montrent peu partisans de la production de cette pièce. »

« Le seul moyen de remédier à cet état de choses, dit la 5ᵉ Commission locale (Dames), serait de ne délivrer des livrets que dans un endroit unique. » Cette solution a été réclamée également par M. l'Inspecteur divisionnaire qui, dans son rapport annuel (1891), estimait qu'il serait bien nécessaire de centraliser le service des livrets dans les mains d'une seule Administration.

Nous croyons devoir rappeler, à ce sujet, les termes du dernier rapport (exercice 1890) de la Commission départementale :

« Depuis longtemps déjà, les Commissions locales ont demandé que la remise des livrets aux enfants employés dans l'industrie fût contrôlée. On obtiendrait ainsi une plus grande régularité dans la délivrance et un service sérieux serait établi, de façon à éviter les abus qui existent et qui sont signalés plus haut. Les livrets en duplicata deviendraient plus rares, si l'Administration possédait les moyens de vérification proposés à cet effet. Il y aurait là un nouveau mode de remise des livrets, une centralisation qui, comme on l'a déclaré, rendrait les plus grands services aux enfants ainsi qu'aux industriels et aux fonctionnaires chargés de faire appliquer la loi. Ceux-ci n'auraient plus à relever sur les livrets les nombreuses irrégularités signalées dans leurs rapports, imputables soit aux Mairies, soit aux instituteurs ou aux parents des enfants. La Commission départementale supérieure, qui a déjà approuvé cette centralisation du service des livrets, a été arrêtée jusqu'ici par une considération majeure : il faudrait effectivement un supplément de crédit nécessité par l'augmentation du personnel des bureaux ; mais cette raison n'existera plus, aussitôt que la nouvelle loi sera votée ; le Conseil général n'aura plus, alors, à allouer au service du travail des enfants dans l'industrie le crédit qui, annuellement, s'élève à 147.000 francs environ. La somme nécessitée pour la création et l'organisation de ce nouveau service, qui

Livrets délivrés aux enfants, pendant l'année 1891, par les Mairies de PARIS.

ARRONDISSEMENTS	TOTAL DES LIVRETS PAYÉS PAR LES ENFANTS	TOTAL DES LIVRETS DÉLIVRÉS GRATUITEMENT PAR LES MAIRIES	TOTAL par ARRONDISSEMENT
Ier.	330	»	330
IIe.	386	»	386
IIIe	660	»	660
IVe	528	8	536
Ve.	513	1	514
VIe	652	»	652
VIIe.	515	»	515
VIIIe.	186	»	186
IXe	364	»	364
Xe.	790	»	790
XIe	2.719	»	2.719
XIIe.	1.215	»	1.215
XIIIe.	1.498	»	1.498
XIVe.	954	»	954
XVe.	1.135	»	1.135
XVIe.	397	5	402
XVIIe	810	49	859
XVIIIe. . . .	1.977	»	1.977
XIXe.	1.850	»	1.850
XXe.	2.271	»	2.271
TOTAUX. . .	19.750	63	19.813
ENSEMBLE. . .	19.813		

Livrets délivrés aux enfants, pendant l'année 1891, par les Mairies des communes de l'arrondissement de SCEAUX.

CANTONS	COMMUNES	TOTAL DES LIVRETS payés	TOTAL DES LIVRETS gratuits	TOTAL par COMMUNE	TOTAL par CANTON
CHARENTON.	Alfortville . . .	»	98	98	582
	Bonneuil	»	»	»	
	Bry-sur-Marne. .	»	5	5	
	Champigny . . .	29	»	29	
	Charenton. . . .	89	»	89	
	Créteil	»	49	49	
	Joinville-le-Pont.	39	»	39	
	Maisons-Alfort. .	»	53	53	
	Nogent-sur-Marne	33	»	33	
	Le Perreux . . .	30	2	32	
	Saint-Maur . . .	117	»	117	
	Saint-Maurice. .	»	38	38	
SCEAUX.	Antony.	7	18	25	630
	Bagneux	8	15	23	
	Bourg-la-Reine. .	»	16	16	
	Châtenay. . . .	»	47	47	
	Châtillon	19	»	19	
	Clamart.	71	»	71	
	Fontenay-aux-Roses . .	»	16	16	
	Issy.	97	»	97	
	Montrouge. . . .	»	132	132	
	Plessis-Piquet. . .	»	3	3	
	Sceaux.	22	»	22	
	Vanves	»	59	59	
	Malakoff	»	»	»	
	A reporter. . .	561	551	1.112	1.112

CANTONS	COMMUNES	TOTAL DES LIVRETS payés	TOTAL DES LIVRETS gratuits	TOTAL par COMMUNE	TOTAL par CANTON
	Report. .	561	551	1.112	1.112
VILLEJUIF.	Arcueil.	82	2	84	670
	Chevilly.	»	3	3	
	Choisy-le-Roi. .	35	2	37	
	Fresnes.	»	11	11	
	Gentilly.	136	9	145	
	Ivry	»	276	276	
	L'Hay.	»	1	1	
	Orly	»	»	»	
	Rungis.	»	»	»	
	Thiais	2	10	12	
	Villejuif.	»	16	16	
	Vitry.	»	85	85	
VINCENNES.	Fontenay-sous-Bois . .	»	20	20	662
	Montreuil. . . .	»	396	396	
	Saint-Mandé. . .	14	54	68	
	Villemomble. . .	3	15	18	
	Vincennes. . . .	119	26	145	
	Rosny	»	15	15	
	TOTAUX. . .	1.052	1.492	2.444	2.444
	ENSEMBLE. . .	2.444			

Livrets délivrés aux enfants, pendant l'année 1891, par les Mairies des communes de l'arrondissement de SAINT-DENIS.

CANTONS	COMMUNES	TOTAL DES LIVRETS payés	TOTAL DES LIVRETS gratuits	TOTAL par COMMUNE	TOTAL par CANTON
COURBEVOIE.	Asnières	»	101	101	768
	Colombes. . . .	»	91	91	
	Courbevoie . . .	87	11	98	
	Gennevilliers . .	»	61	61	
	Nanterre	38	»	38	
	Puteaux	278	»	278	
	Suresnes	101	»	101	
NEUILLY.	Neuilly.	194	»	194	1.391
	Boulogne. . . .	280	»	280	
	Clichy-la-Garenne	437	»	437	
	Levallois-Perret .	455	5	460	
PANTIN.	Bagnolet	80	»	80	539
	Bobigny	»	»	»	
	Bondy	27	16	43	
	Le Bourget . . .	4	»	4	
	Drancy.	»	»	»	
	Noisy-le-Sec . .	26	»	26	
	Pantin.	»	144	144	
	Pré-St-Gervais. .	108	»	108	
	Romainville. . .	14	»	14	
	Les Lilas	117	3	120	
	A reporter. .	2.266	432	2.698	2.698

CANTONS	COMMUNES	TOTAL DES LIVRETS payés	TOTAL DES LIVRETS gratuits	TOTAL par COMMUNE	TOTAL par CANTON
	Report. . .	2.266	432	2.698	2.698
SAINT-DENIS.	Aubervilliers . .	379	»	379	1.073
	La Courneuve. .	»	9	9	
	Dugny	»	6	6	
	Épinay	19	»	19	
	Ile-Saint-Denis .	»	17	17	
	Pierrefitte. . . .	»	4	4	
	Saint-Denis. . .	192	4	196	
	Saint-Ouen . . .	»	420	420	
	Stains	19	»	19	
	Villetaneuse. . .	4	»	4	
	TOTAUX. . .	2.879	892	3.771	3.771
	ENSEMBLE . .	3.771			

ARRONDISSEMENTS	LIVRETS PAYÉS	LIVRETS GRATUITS	TOTAL
	ANNÉE 1891		
Paris	19.750	62	19.813
Saint-Denis	2.879	892	3.771
Sceaux.	1.052	1.492	2.544
	23.681	2.447	26.128
	ANNÉE 1892		
Paris.	19.769	58	19.827
Saint-Denis.	2.385	1.781	4.166
Sceaux.	720	1.773	2.493
	22.874	3.612	26.486

s'impose, sera très minime. A ce moment-là, nous vous prierons, Monsieur le Préfet, de vouloir bien donner suite à notre proposition de 1886. »

Aucune suite n'a encore été donnée à cette proposition.

En 1891, il a été délivré, tant par les Mairies de Paris que par les Mairies des communes suburbaines, 26.128 livrets ; et pour l'exercice 1892, on compte 26.486 livrets.

On peut évaluer à plus de 30.000 le nombre des livrets qui seront à l'avenir distribués chaque année, la nouvelle loi prescrivant la remise *gratuite* du livret et l'imposant aux enfants des deux sexes, *âgés de moins de 18 ans* (1).

2° *Registre d'inscription.* — Il est rare aujourd'hui de rencontrer des industriels ne possédant pas le registre d'inscription prévu

(1) Sous le régime de la loi du 19 mai 1874, les livrets étaient remis, dans le département de la Seine, au prix de *10 centimes*, aux garcons de *moins de 16 ans*, et aux filles mineures de *moins de 21 ans*.

par l'article 10 de la loi et qui a toujours été remis *gratuitement* par le Service de l'Inspection; mais ce registre n'est guère tenu à jour, excepté, toutefois, dans les grands ateliers. Les petits industriels, pressés par leur travail, remettent à plus tard la formalité de l'inscription des enfants sur le registre et oublient ensuite cette formalité. Les blanchisseuses objectent les très nombreuses mutations qui se produisent dans leur personnel; et d'autre part, un grand nombre d'industriels ne se croient pas tenus d'inscrire sur le registre les enfants pendant la période d'essai. Quant à la sortie de l'atelier, elle est également peu souvent indiquée sur le registre, les enfants ou filles mineures partant, en général, sans prévenir qu'ils ne reviendront pas, ou bien étant mis au repos lorsque le travail diminue. On remarque que l'inscription, sur le registre, des enfants employés dans un atelier, est assez fréquemment faite soit par l'inspecteur ou par les membres des Commissions locales, lors de leur visite, comme le constatent l'inspecteur de la 13e section et la 20e Commission locale (Hommes): souvent même, c'est l'enfant qui remplit cette formalité.

Somme toute, on se trouve plutôt en présence d'une grande négligence contre laquelle il est assez difficile de réagir, que de mauvaise volonté de la part de certains industriels.

Affichage (article 11).

De l'ensemble des rapports semestriels du Service de l'Inspection (exercices 1891 et 1892), il résulte que dans l'application de l'article 11, il y a progrès. L'affichage de la loi laisse toujours à désirer chez certains industriels spéciaux par suite de la disposition de leur magasin ou boutique que l'on ne peut considérer comme des ateliers proprement dits, par exemple: chez les bouchers, charcutiers, pâtissiers, blanchisseuses, ateliers où toutes sortes d'émanations et de vapeurs détruisent facilement l'affiche;

dans les ateliers de menuiserie et de serrurerie, dont les murs sont presque toujours encombrés d'outils et de matériaux; dans les magasins de modes, chez l'ouvrière et chez les fabricants en chambre, où la salle à manger, la chambre à coucher, voire même la cuisine servent d'atelier.

A ce propos, l'inspectrice de la 4e section pose cette question: « Mais est-il absolument légal de considérer une chambre à coucher ou une salle à manger comme un atelier et pouvons-nous y exiger rigoureusement l'affichage? Pourrions-nous, si la patronne s'y refusait formellement, lui dresser procès-verbal? Le cas est douteux.» On conviendra que l'affichage de la loi, dans ces sortes d'ateliers, est très difficile à obtenir de l'industriel qui, pour y obvier, se fait un devoir de conserver le texte de la loi dans le registre d'inscription, prêt à être consulté par les enfants qu'il emploie.

L'inspecteur de la 15e section signale également une infraction assez commune dans certains ateliers : il s'agit de l'affichage spécial de l'emploi du temps ou tableau des équipes prescrit par l'article 5 du décret du 22 mai 1875.

Travaux présentant des causes de danger pour les enfants, ou excédant leurs forces (article 12).

Pendant l'exercice 1891, l'attention de l'Administration a été appelée sur 61 affaires de surcharges d'enfants, dont 42 pour fardeaux portés et 19 pour charges traînées. De ce fait, il a été dressé 42 procès-verbaux qui ont été transmis au Parquet. En 1890, le nombre des procès-verbaux s'élevait à 23.

Le tableau qui suit, en indiquant le nombre des procès-verbaux dressés pour fait de surcharge en 1891, résume chaque affaire.

La 20e Commission locale (Hommes), tout en faisant remarquer que l'habitude de surcharger les enfants se perd de plus en plus,

NOMBRE DE SURCHARGES	PROFESSIONS de L'ENFANT	SEXE	AGE	POIDS		INFRACTIONS AUX ARTICLES :	SUITE JUDICIAIRE.
				Traîné par voiture à bras.	Porté sur la tête ou sur les épaules.		
1	Appareils à gaz (Fabr. d')	Masculin.	13 ans 1/2.	179k	»	Art. 1er du décret du 31 octobre 1882.	Affaire classée par le Parquet.
4	Cartonniers	—	12 ans.	»	25k	Art. 3 du décret du 13 mai 1875.	—
		—	12 ans 11 mois	»	23 300	— —	25 francs d'amende.
		—	14 ans.	»	25	— —	16 —
		—	14 ans 1/2.	»	48	— —	16 —
3	Charcutiers	—	14 ans.	137	»	Art. 1er du décret du 31 octobre 1882.	16 —
		—	15 ans.	»	26	Art. 3 du décret du 13 mai 1875.	16 —
		—	13 ans.	»	38	— —	Affaire classée par le Parquet.
1	Charron	—	10 ans.	188	»	Art. 1er du décret du 31 octobre 1882.	16 francs d'amende.
1	Chaussures (Fabr. de)	—	12 ans.	»	24	Art. 3 du décret du 13 mai 1875.	16 —
2	Ciseleurs	—	13 ans.	»	40	— —	16 —
		—	15 ans 1/2.	»	33 500	— —	50 —
1	Couronnes mortuaires (Fes)	—	14 ans.	276	»	Art. 1er du décret du 31 octobre 1882.	16 —
1	Doreur	—	15 ans.	»	40	Art. 3 du décret du 13 mai 1875.	16 —
2	Emballeurs	—	12 ans.	»	22 500	— —	16 —
		—	14 ans.	80	»	Art. 1er du décret du 31 octobre 1882.	16 —
2	Encadreurs	—	14 ans.	»	21 500	Art. 3 du décret du 13 mai 1875.	16 —
		—	14 ans 1/2.	»	19 500	— —	16 —
1	Fondeur en cuivre	—	13 ans 1/2.	47	»	Art. 1er du décret du 31 octobre 1882.	16 —
1	Fumiste	—	14 ans.	250	»	— —	16 —
1	Graveur	—	12 ans 1/2.	»	15	Art. 3 du décret du 13 mai 1875.	5 —
3	Imprimeurs	—	12 ans 1/2.	»	32	— —	25 —
		—	13 ans.	»	30	— —	10 —
		—	14 ans 9 mois	»	21	— —	20 —
1	Jouets mécaniques (Fon de)	—	13 ans 10 mois	»	27	— —	16 —
1	Menuisier	—	13 ans.	337	»	Art. 1er du décret du 31 octobre 1882.	50 —
1	Papetier	—	15 ans 3 mois	»	33	Art. 3 du décret du 13 mai 1875.	25 —
2	Pâtissiers	—	13 ans.	»	24	— —	16 —
		—	14 ans.	»	31	— —	50 —
1	Plombier	—	13 ans 1/2.	395	»	Art. 1er du décret du 31 octobre 1882.	25 —
1	Polisseur	—	14 ans.	»	22 500	Art. 3 du décret du 13 mai 1875.	10 —
		—	14 ans.	»	16	— —	
4	Relieurs	—	13 ans 1/2.	»	19	— —	8 —
		—	13 ans 1/2.	»	22	— —	16 —
		—	14 ans.	»	18	— —	16 —
		—	14 ans.	»	19	— —	16 —
1	Réparateur de chaises	—	15 ans 1/2.	185	»	Art. 1er du décret du 31 octobre 1882.	16 —
1	Sacs en papier (Fabr. de)	—	15 ans.	234	»	— —	Affaire classée par le Parquet.
1	Scieur à la machine	—	13 ans.	»	22 500	Art. 3 du décret du 13 mai 1875.	30 francs d'amende.
3	Serruriers	—	13 ans.	407	»	Art. 1er du décret du 31 octobre 1882.	16 —
		—	14 ans.				
		—	14 ans.	288	»	— —	16 —
1	Tubes en cuivre (Fon de)	—	13 ans 1/2.	»	24	Art. 3 du décret du 13 mai 1875.	16 —
1	Vélocipèdes (Fabr. de)	—	12 ans.	»	16 800	— —	25 —
1	Verrier	—	13 ans 1/2.	125	»	Art. 1er du décret du 31 octobre 1882.	Affaire classée par le Parquet.

et que les intéressés, forts de leurs droits, savent aujourd'hui, se défendre, signale le cas suivant : « On peut voir cependant des serruriers ou des gens du bâtiment faire porter le sac ou traîner la voiture par l'apprenti. Ce n'est jamais qu'à regret que nous signalons les cas trop graves aux agents ; mais n'est-il pas déplorable d'avoir conservé, et cela même chez les ouvriers, cette ancienne et absurde habitude de faire servir les grands par les petits ! »

Sur 61 enfants surchargés, 15 étaient employés par des ciseleurs, fondeurs, mécaniciens, quincailliers, serruriers, etc. Les relieurs, cartonniers et imprimeurs continuent à surcharger.

L'inspecteur de la 7e section dit, au sujet d'un procès-verbal dressé pour surcharge : « Cette affaire a été renvoyée sans suite, probablement parce que l'industriel en question n'avait pas reçu, auparavant, la visite de l'Inspection. J'ai eu l'occasion de constater, en effet, que les industriels poursuivis par nous pour surcharge, si pour une cause ou une autre ils n'avaient pas reçu une visite préalable de l'Inspection, étaient renvoyés indemnes par le Parquet, même quand la surcharge était énorme. Le Parquet semble ainsi donner un démenti à l'adage : *nul n'est censé ignorer la loi*, et cette jurisprudence nous commande la plus grande circonspection pour nos procès-verbaux, quand l'industriel n'a pas encore été visité par l'Inspection. »

Procès-verbaux dressés pour cas de surcharges en 1891 et transmis au Parquet.

Ier arrondissement. — Un enfant âgé de 14 ans, au service d'un cartonnier, portait sur un crochet des cartons dont le poids s'élevait à 25 kilogrammes. — *Procès-verbal* (infraction au décret du 13 mai 1875). — Seize francs d'amende.

IIe arrondissement. — Un enfant âgé de 12 ans 1/2, employé chez un graveur, a été rencontré sur la voie publique pliant sous le poids d'une charge de 15 kilogrammes. Enfant non inscrit sur le registre; pas de livret; loi non affichée. — *Procès-verbal* (infraction aux articles 10, 11 et 12 de la loi du 19 mai 1874 et au décret du 13 mai 1875). — Cinq francs d'amende.

— Un apprenti cartonnier, âgé de 12 ans et 11 mois, succombait sous une charge de cartons dont le poids total avec crochet était de 23 kilog. 500. — *Procès-verbal* (infraction à l'article 12 de la loi du 19 mai 1874 et au décret du 13 mai 1875). — Vingt-cinq francs d'amende.

— Un enfant âgé de 15 ans et 3 mois, employé chez un papetier, est tombé sur la voie publique chargé d'un fardeau pesant 32 kilogrammes. — *Procès-verbal* (infraction à l'article 12 de la loi du 19 mai 1874 et à l'article 3, § 2, du décret du 13 mai 1875). — Vingt-cinq francs d'amende.

IIIe arrondissement. — Un enfant âgé de 13 ans 1/2, au service d'un fabricant de tubes en cuivre, a été rencontré porteur d'une charge de 24 kilogrammes. Cet enfant n'avait ni livret, ni certificat d'instruction. — *Procès-verbal* (infraction aux articles 9, 10 et 12 de la loi du 19 mai 1874 et à l'article 3 du décret du 13 mai 1875). — Seize francs d'amende.

— Un apprenti ciseleur, âgé de 13 ans, a été rencontré portant un fardeau du poids de 40 kilogrammes. — *Procès-verbal* (infraction à l'article 12 de la loi du 19 mai 1874 et à l'article 3 du décret du 13 mai 1875). — Seize francs d'amende.

— Un apprenti emballeur, âgé de 14 ans, traînait une voiture à bras chargée de deux caisses pesant 80 kilogrammes. — *Procès-verbal* (infraction à l'article 12 de la loi du 19 mai 1874 et à l'article 1er du décret du 31 octobre 1882). — Seize francs d'amende.

— Un enfant âgé de 14 ans, employé chez un relieur, a été rencontré sur la voie publique porteur d'une charge de registres de 18 kilogrammes. — *Procès-verbal* (infraction aux articles 12 de la loi du 19 mai 1874 et 3 du décret du 13 mai 1875). — Seize francs d'amende.

— Un apprenti encadreur, âgé de 14 ans 1/2, portait, pour le compte de son patron, une charge de 19 kil. 500 grammes. — *Procès-verbal* (infraction à l'article 12 de la loi du 19 mai 1874 et à l'article 3 du décret du 13 mai 1875). — Seize francs d'amende.

— Un enfant âgé de 12 ans, employé également chez un emballeur, a été rencontré portant sur sa tête une caisse en bois du poids de 22 kil. 500 grammes. — *Procès-verbal* (infraction à l'article 12 de la loi du 19 mai 1874 et à l'article 3 du décret du 13 mai 1875). — Seize francs d'amende.

— Un enfant âgé de 14 ans 1/2, occupé par un cartonnier, portait sur un crochet une charge de feuilles de carton du poids de 48 kilogrammes. — *Procès-verbal* (infraction à l'article 3 du décret du 13 mai 1875). — Seize francs d'amende.

— Un enfant âgé de 13 ans, employé chez un imprimeur, portait sur un crochet des rames de papier dont le poids total s'élevait à 30 kilogrammes. — *Procès-verbal* (infraction à l'article 12 de la loi du 19 mai 1874 et à l'article 3 du décret du 13 mai 1875). — Dix francs d'amende.

IVe arrondissement. — Un apprenti charcutier, âgé de 15 ans, avait été chargé par son patron de porter un panier pesant 26 kilogrammes. — *Procès-verbal* (infraction au décret du 13 mai 1875). — Seize francs d'amende.

Ve arrondissement. — Un enfant âgé de 14 ans, au service d'un charcutier, traînait une voiture à bras contenant de la viande et autres objets dont le poids s'élevait à 137 kilogrammes, véhicule non compris. — *Procès-verbal* (infraction au décret du 31 octobre 1882). — Seize francs d'amende.

VIe arrondissement. — Un enfant âgé de moins de 14 ans, occupé chez un relieur, portait sur un crochet des feuilles de carton et du papier, le tout pesant 22 kilogrammes. — *Procès-verbal* (infraction aux articles 12 de la loi du 19 mai 1874 et 3 du décret du 13 mai 1875). — Seize francs d'amende.

— Un enfant âgé de 15 ans 1/2, employé chez un charcutier, portait une corbeille de viande du poids de 38 kilogrammes. — *Procès-verbal* (infraction à l'article 12 de la loi du 19 mai 1874 et à l'article 3, § 2, du décret du 13 mai 1875). — Affaire classée par le Parquet.

— Un enfant âgé de 14 ans, au service d'un fumiste, a été trouvé traînant une voiture à bras du poids de 250 kilogrammes environ, véhicule compris. — *Procès-verbal* (infraction à l'article 12 de la loi du 19 mai 1874 et au décret du 31 octobre 1882). — Seize francs d'amende.

— Un enfant âgé de 12 ans, employé chez un cartonnier, portait sur un crochet des feuilles de carton du poids de 25 kilogrammes. — *Procès-verbal* (infraction à l'article 12 de la loi du 19 mai 1874 et au décret du 13 mai 1875). — Affaire classée par le Parquet.

— Un enfant âgé de moins de 14 ans portait par ordre de son patron, relieur, un paquet de livres pesant 19 kilogrammes 1/2. — *Procès-verbal* (infraction à l'article 12 de la loi du 19 mai 1874 et à l'article 3 du décret du 13 mai 1875). — Cinq francs d'amende.

— Un enfant âgé de 14 ans, occupé chez un fabricant de couronnes mortuaires, traînait une voiture dont le chargement était de 276 kilogrammes. — *Procès-verbal* (infraction au décret du 31 octobre 1882). — Seize francs d'amende.

*VII*e *arrondissement*. — Un apprenti doreur, âgé de 15 ans, portait par ordre de ses patrons une bâche sur un crochet, le tout du poids de 40 kilogrammes. — *Procès-verbal* (infraction à l'article 12 de la loi du 19 mai 1874 et au décret du 13 mai 1875). — Seize francs d'amende.

*VIII*e *arrondissement*. — Un enfant âgé de 15 ans 1/2, employé chez un plombier, traînait une voiture à bras dont le poids, véhicule compris, était de 395 kilogrammes. — *Procès-verbal* (infraction au décret du 21 octobre 1882). — Vingt-cinq francs d'amende.

— Un apprenti relieur, âgé de 14 ans, portait sur un crochet un paquet de livres. Le poids de cette charge était de 19 kilogrammes 500 grammes. — *Procès-verbal* (infraction à l'article 3 du décret du 13 mai 1875). — Seize francs d'amende.

X[e] *arrondissement*. — Un enfant âgé de 12 ans 1/2, au service d'une imprimerie, avait reçu l'ordre d'aller chercher des ballots de papier pesant 32 kilogrammes. — *Procès-verbal* (infraction à l'article 3 du décret du 13 mai 1875). — Vingt-cinq francs d'amende.

— Un enfant de 14 ans avait été chargé par son patron, serrurier, de traîner une voiture contenant des barres de fer du poids de 288 kilogrammes, véhicule non compris. — *Procès-verbal* (infraction à l'article 1er du décret du 31 octobre 1882). — Seize francs d'amende.

XIe *arrondissement*. — Deux enfants, âgés de 14 ans et employés chez un polisseur, ont été rencontrés sur la voie publique porteurs de paquets. L'un de ces enfants avait une charge de 22 kilog. 500, l'autre une charge de 16 kilogrammes. — *Procès-verbal* (infraction à l'article 3 du décret du 13 mai 1875). — Dix francs d'amende.

— Un ciseleur avait chargé un enfant, âgé de moins de 16 ans, de porter sur un crochet des marchandises pesant 33 kilog. 500. — *Procès-verbal* (infraction à l'article 3 du décret du 13 mai 1875). — Cinquante francs d'amende.

— Un enfant de 15 ans 1/2, employé dans un atelier de réparations de chaises, traînait une voiture à bras remplie de chaises. La charge, y compris le poids du véhicule, s'élevait à 185 kilogrammes. — *Procès-verbal* (infraction à l'article 12 de la loi du 19 mai 1874 et à l'article 1er du décret du 31 octobre 1882). — Seize francs d'amende.

— Un enfant âgé de 13 ans 1/2, occupé chez un fabricant d'appareils à gaz, traînait dans une voiture à bras une charge de 54 kilogrammes. Le véhicule vide en pesait 118, soit, au total, un poids de 172 kilogrammes. — *Procès-verbal* (infraction à l'article 12 de la loi du 19 mai 1874 et à l'article 1er du décret du 31 octobre 1882). — Affaire classée par le Parquet.

— Un enfant âgé de 14 ans, au service d'un fabricant de cadres, a été trouvé sur la voie publique porteur d'une charge pesant 21 kilog. 500. Cet enfant n'était pas inscrit sur le registre. — *Procès-verbal* (infraction aux articles 10 et 12 de la loi du 19 mai 1874 et à l'article 3 du décret du 13 mai 1875). — Seize francs d'amende.

XIIIe arrondissement. — Un enfant âgé de 12 ans, occupé dans une fabrique de chaussures, portait sur ses épaules un fardeau de 24 kilogrammes. — *Procès-verbal* (infraction à l'article 12 de la loi du 19 mai 1874 et à l'article 3 du décret du 13 mai 1875). — Seize francs d'amende.

XIVe arrondissement. — Un apprenti pâtissier, âgé de 13 ans, portait trois paniers contenant de la pâtisserie et pesant ensemble 21 kilogrammes. — *Procès-verbal* (infraction à l'article 12 de la loi du 19 mai 1874 et à l'article 3 du décret du 13 mai 1875). — Seize francs d'amende.

XVIIe arrondissement. — Un enfant âgé de 14 ans, employé chez un pâtissier, a été rencontré porteur d'une manne chargée de provisions pesant 31 kilogrammes. — *Procès-verbal* (infraction à l'article 3 du décret du 13 mai 1875). — Cinquante francs d'amende.

XVIIIe arrondissement. — Un apprenti imprimeur, âgé de 14 ans et 9 mois, succombait sous le poids d'un paquet de journaux pesant 21 kilogrammes. — *Procès-verbal* (infraction à l'article 12 de la loi du 19 mai 1874 et à l'article 3, § 2, du décret du 13 mai 1875). — Cinquante francs d'amende.

XIXe arrondissement. — Un menuisier avait confié à un enfant âgé de 13 ans une voiture à bras chargée de bois de chêne. Le poids de la charge, véhicule non compris, a été reconnu être de 337 kilogrammes. — *Procès-verbal* (infraction à l'article 12 de la loi du 19 mai 1874 et au décret du 31 octobre 1882). — Cinquante francs d'amende.

— Un enfant âgé de 13 ans et 10 mois, employé chez un fabricant de jouets mécaniques, portait sur un crochet un panier contenant 27 kilogrammes de matières de fer et d'engrenages. — *Procès-verbal* (infraction à l'article 12 de la loi et à l'article 3 du décret du 13 mai 1878). — Seize francs d'amende.

— Un enfant âgé de *10 ans,* occupé chez un charron, traînait avec difficulté une voiture à bras. Poids constaté : 158 kilogrammes. — *Procès-verbal* (infraction à l'article 1er, § 1er, du décret du 31 octobre 1882). — Seize francs d'amende.

XXe arrondissement. — Un enfant de 15 ans, au service d'un fabricant de sacs en papier, a été rencontré traînant une voiture dont le chargement était de 234 kilogrammes. — *Procès-verbal* (infraction au décret du 31 octobre 1882). — Affaire classée par le Parquet.

Arrondissement de Saint-Denis. — Un enfant âgé de 12 ans portait pour le compte de son patron, fabricant de vélocipèdes, une charge de tubes en fer du poids de 16 kilog. 800 grammes. — *Procès-verbal* (infraction à l'article 3, § 2, du décret du 13 mai 1875). — Vingt-cinq francs d'amende.

— Deux enfants âgés de 13 et 14 ans, employés chez un serrurier, traînaient ensemble une voiture à bras, chargée de fonte, dont le poids s'élevait à 497 kilogrammes. — *Procès-verbal* (infraction à l'article 1er du décret du 31 octobre 1882). — Seize francs d'amende.

— Un enfant âgé de 13 ans, employé dans une scierie, a été rencontré sur la voie publique, à bout de forces, et ne pouvant plus porter un fardeau composé de tenons en bois des îles pesant

22 kilog. 500 grammes. — *Procès-verbal* (infraction à l'article 3 du décret du 13 mai 1875). — Cinquante francs d'amende.

— Un enfant âgé de moins de 14 ans, employé chez des fondeurs, poussait péniblement une brouette chargée de plaques métalliques du poids de 47 kilogrammes, véhicule non compris). — *Procès-verbal* (infraction à l'article 1er du décret du 31 octobre 1882). — Seize francs d'amende.

— Un enfant, âgé de moins de 14 ans, a été employé par un verrier à pousser sur un véhicule appelé « *Diable* », du poids de 55 kilogrammes, deux sacs d'escarbilles de 35 kilogrammes chacun, le tout formant un poids total de 125 kilogrammes. — *Procès-verbal* (infraction à l'article 1er du décret du 31 octobre 1882). — Affaire classée par le Parquet.

Nous regrettons de ne pouvoir présenter également un pareil tableau pour l'exercice 1892; mais, comme on le verra plus loin, le chiffre des procès-verbaux de ce genre s'est élevé, pendant cet exercice, à 26, alors qu'il a été constaté 45 affaires de surcharges, dont 38 pour fardeaux portés et 7 pour charges traînées.

Parmi les affaires classées sans suite, on trouve des cas de surcharge par des parents ou par des commerçants tels que charbonniers, quincailliers, marchands de volailles ou des quatre-saisons, non considérés comme industriels.

Voici les arrondissements dans lesquels il a été constaté, en 1892, des infractions pour surcharges d'enfants :

IIe Arrondissement	4	XIIe Arrondissement	1
IIIe —	2	XIVe —	2
IVe —	2	XVe —	1
VIe —	1	XVIIe —	1
VIIIe —	1	XVIIIe —	1
IXe —	1	XXe —	2
Xe —	1	Arrondissement de St-Denis	2
XIe —	2	— de Sceaux.	2

Des récompenses ont été décernées par la Société de *protection des apprentis et des enfants employés dans les manufactures* à quatre agents de la Police municipale qui, du 1er avril 1890 au 31 mars 1892, ont constaté le plus d'infractions à l'article 3 du décret du 13 mars 1875. Ces récompenses sont : une médaille d'honneur, une médaille d'argent et deux médailles de bronze.

D'après l'article 12 de la loi de 1874, des règlements d'administration publique devaient déterminer les différents genres de travaux présentant des causes de danger ou excédant les forces des enfants. Ces règlements, qui portent les dates des 13 mai 1875 et 31 octobre 1882, sont relatifs au transport des fardeaux et à l'emploi des enfants comme producteurs de *force motrice*. Nous trouvons dans le rapport présenté, en 1892, par l'inspecteur de la 2e section, une observation ayant trait à ce dernier cas et sur laquelle ce fonctionnaire appelle l'attention de l'Administration supérieure. Il s'agit du travail des enfants dans l'*estampage* (1).

Établissements insalubres ou dangereux (article 13).

Dans sa séance du 24 juillet 1891, le Conseil municipal de Paris adopta les conclusions, présentées au nom d'une Commission par M. Vaillant, rapporteur, sur une pétition soumise au Conseil par la Chambre syndicale des ouvriers de la couperie de poils, et tendant à obtenir une réglementation sanitaire de l'exercice de leur métier si insalubre.

Nous renvoyons ceux que la question intéresse à l'étude très approfondie que présenta, à cette occasion, M. Vaillant; mais nous croyons devoir en donner la conclusion qui a fait l'objet

---

(1) Il nous est impossible de reproduire, en son entier, l'intéressant rapport que l'inspecteur de la 2e section a rédigé à ce sujet. Ce rapport a été inséré au *Bulletin municipal officiel* (Juillet 1892).

d'une délibération du Conseil municipal : « L'Administration est invitée à établir et ordonner, dans le plus bref délai possible, conformément aux indications du Conseil d'hygiène et de salubrité de la Seine, une réglementation sanitaire de l'exercice de la couperie de poils ayant spécialement pour objet : l'élimination de tout sel de mercure et de tout dégagement, dans l'atmosphère de l'atelier, de vapeurs acides pendant l'opération du secrétage; l'interdiction de l'emploi manuel de matières corrosives, et enfin toutes autres mesures et prescriptions à l'effet de faire cesser les dangers et l'insalubrité de cette industrie meurtrière. »

Sans indiquer ici la suite qui fut donnée à cette délibération, nous ajouterons, toutefois, qu'un décret, en date du 26 janvier 1892, est venu modifier le décret du 3 mars 1877, en ce qui concerne l'emploi des enfants à l'éjarrage et au coupage des peaux ou poils de lapin ou de lièvre.

L'attention de l'Administration a été appelée, en 1892, sur l'emploi d'un certain nombre d'enfants dans les abattoirs de Paris, alors que ce travail était interdit par le décret du 14 mai 1875, à tout enfant âgé de moins de 16 ans et que l'entrée même des abattoirs leur était interdite par une ordonnance de police du 20 août 1879. Or, une plainte contre des abus de ce genre fut adressée, cette année, au Préfet de Police par la Chambre syndicale ouvrière de la boucherie en gros de Paris. Aussi, des contraventions pour infractions à l'article 57 de l'ordonnance de police furent-elles relevées par le Commissaire de police du quartier de la Villette contre un certain nombre de bouchers. Un de ces industriels avait préalablement fait une demande tendant à obtenir l'autorisation d'employer son propre fils âgé de 14 ans. Cette autorisation lui avait été refusée.

Des enfants ayant été rencontrés dans des ateliers où ils étaient exposés à des manipulations ou a des émanations préjudiciables à leur santé, deux procès-verbaux furent dressés, en 1891, pour infraction à l'article 13.

Un atelier d'imprimeur-lithographe fut signalé comme pratiquant le bronzage *à la main*. Aucune suite ne fut donnée à cette plainte, puisque ce travail n'est pas interdit dans des locaux où des enfants sont occupés. Il en a été de même pour un atelier où l'on employait du rouge à polir. Le Laboratoire municipal, appelé à donner son avis sur des échantillons de cette matière, déclara qu'on se trouvait en présence du péroxyde de fer pur et ne pouvant causer d'accidents que par son introduction, à l'état de poudre impalpable, entraîné par l'air inspiré, dans les poumons.

Sécurité et salubrité des ateliers (article 14).

1° *Salubrité*. — En général, les ateliers sont assez bien tenus et convenablement aérés. Les patrons, du reste, sont autant que possible disposés à tenir compte des observations qui leur sont faites à ce sujet.

Les Commissions locales du 2e arrondissement signalent cependant les mauvaises conditions d'hygiène de nombreux ateliers. La 20e Commission (Hommes) dit que la situation est toujours à peu près la même : « Les progrès sont lents. Nous n'avons que fort peu d'établissements classés parmi ceux que nous visitons, comme soumis à la loi de 1874; mais il est de vieux locaux, voire même certaines industries, comme les polisseurs, où la saleté domine. » La 19e Commission locale (Dames) a signalé plusieurs ateliers de couture : « Notre intervention à ce point de vue ne pourra être que très salutaire, croyons-nous, pour les ouvrières et apprenties qui y sont employées. Il est bien difficile, actuellement, d'être exigeant pour obtenir les bonnes conditions d'hygiène, surtout dans des quartiers comme ceux de notre circonscription, qui contiennent un grand nombre de vieilles maisons, les nouvelles bâtisses étant d'un prix trop élevé pour la petite industrie. »

Des plaintes se sont produites contre l'insalubrité des locaux dans lesquels les apprentis pâtissiers et charcutiers travaillaient et couchaient même, en chambrée, sortes de cuisines peu vastes et très peu aérées : « Nous avons le regret, dit la 3e Commission locale (Hommes), de constater que rien n'a été fait pour remédier à ce fâcheux état de choses. » Un boulanger-pâtissier a été signalé, en 1892, comme faisant coucher des jeunes filles dans un local rendu insalubre par l'encombrement. Cette insalubrité n'étant pas inhérente à l'habitation, l'affaire dut être renvoyée par la Commission des logements insalubres au Service de l'Inspection qui lui-même n'avait aucun pouvoir pour y remédier. Il en sera tout autrement avec la loi du 2 novembre 1892.

Tout en ne signalant rien de particulier sur la salubrité des ateliers, l'inspecteur de la 2e section émet ainsi son avis : « Peut-être y aurait-il beaucoup d'observations à présenter sur l'encombrement de certains ateliers et sur les conditions défectueuses dans lesquelles sont installés, dans quelques cas, le chauffage et l'éclairage ; mais, en général, dans ma section, les ateliers sont bien tenus et il convient d'attendre, pour examiner à fond cette question si complexe, qu'une réglementation de l'hygiène industrielle, reposant sur des données certaines, soit intervenue ». Et l'inspectrice de la 5e section regrette également que, à propos de l'hygiène, un texte précis n'arme pas le Service de l'Inspection, en certaines circonstances.

Deux autres plaintes pour insalubrité d'ateliers furent transmises, en 1892, à la Commission des logements insalubres. L'une émanait d'ouvrières travaillant dans un sous-sol humide et malsain dont la seule ouverture était un carré de 50 centimètres; la seconde plainte était portée par un industriel contre son propriétaire au sujet de cabinets d'aisances placés près des ateliers, et ne prenant jour et air que dans le local où se tenaient les ouvriers.

L'inspectrice de la 7e section dit à ce sujet : « Malheureusement on trouve encore beaucoup d'ateliers dans les sous-sols, et cela dans les quartiers les plus élégants, les mieux construits. Je dois reconnaître que chacun a cherché à les rendre aussi habitables que possible ; mais, malgré les efforts tentés, cela n'en constitue pas moins des conditions de travail déplorables. »(1) L'inspectrice de la 9e section signale également plusieurs teinturiers ayant leurs ateliers d'apprêt au sous-sol. L'avis de cette inspectrice est que dans bien des cas on trouve dans les ateliers une installation défectueuse pour les ouvrières.

Il n'en serait pas de même dans la banlieue, où les ateliers sont, en général, vastes, aérés et tenus assez proprement.

2° *Sécurité des ateliers.* — Les Commissions locales sont unanimes à reconnaître le zèle apporté pendant ces deux années, par le Service de l'Inspection, pour obtenir dans certains ateliers toutes les mesures de précaution jugées nécessaires.

L'Administration est heureuse de le constater également et approuve la grande sévérité montrée, en cette circonstance, par le service départemental, qu'aucune considération ne saurait arrêter pour faire exécuter strictement la loi.

Les accidents (40 en 1891 et 23 en 1892) sont encore trop nombreux et on ne saurait qu'insister auprès des inspecteurs pour obtenir une plus étroite surveillance.

Bien que la responsabilité du patron ne soit pas toujours en cause, il y a necessité, pour le Service de l'Inspection, à tenir toujours en éveil les industriels sur les imprudences qui pourraient être commises par les enfants, afin de prévenir, autant que possible, ces malheurs que l'on voit avec tristesse se renouveler chaque année.

En 1892, l'inspecteur de la 12e section s'exprimait ainsi : « 41 patrons ont été mis en demeure d'avoir à exécuter immédiatement les travaux de sécurité nécessaires ; presque tous ont pris l'engagement écrit de les faire ; dans une deuxième visite, j'ai pu m'assurer *de visu* que plusieurs avaient tenu parole. Je continue

(1) Rapport du 1er semestre 1892.

à revoir les établissements qui ne remplissaient pas, au moment de la première visite, les conditions prescrites par l'article 14 de la loi du 19 mai 1874, et je n'hésiterai pas à dresser procès-verbal partout où les causes de danger persisteraient. »

Signalons également une observation présentée par l'inspecteur de la 14e section : « Cependant, certains industriels, sous prétexte que le ou les enfants ne viennent jamais dans tel ou tel atelier, ne croient pas être astreints aux protections recommandées. Dans ce cas, afin de couvrir ma responsabilité, j'ai soin de noter sur le registre que tel ou tel atelier est interdit à tout enfant en raison des dangers que présentent soit des engrenages, des scies, courroies, volants, etc. »

Dans une des communes importantes de la Seine, où l'on compte un grand nombre de blanchisseries, l'inspecteur de la 13e section a eu, il y a trois ans, à prescrire à 60 patrons blanchisseurs des engins de protection à leurs manèges, essoreuses ou courroies, même quand ils n'occupaient pas d'enfants; presque tous ont exécuté les prescriptions de l'inspecteur.

Un cas a été signalé, en 1892, par l'inspecteur de la 8e section. « J'ai appris, dit-il, indirectement ou par les industriels eux-mêmes, après guérison, que plusieurs enfants avaient été blessés et que les patrons s'étaient chaque fois arrangés avec les parents pour les soins à donner et les secours pécuniaires pendant et après la maladie de l'enfant. C'est un procédé fâcheux. L'industriel devrait être obligé de faire une déclaration immédiate au Commissaire de police dès qu'il arrive le moindre accident, ce qui amènerait chaque fois l'intervention de l'inspecteur (1). Dans bien des cas, il n'y aurait aucune suite donnée à l'affaire, les accidents arrivant souvent par suite d'inadvertance de la part de l'enfant; mais aussi il arriverait que l'attention de l'inspecteur serait attirée sur des causes d'accidents qu'il n'aurait pas prévues

(1) La loi votée le 2 novembre 1892 exige aujourd'hui la déclaration à la Mairie par le chef de l'entreprise.

et auxquelles il pourrait porter remède. Ce n'est pas d'ailleurs à l'industriel à apprécier le dommage causé par l'accident. »

La 21e Commission locale a, lors de la réunion générale tenue le 3 décembre 1891, émis le vœu suivant : « Imposer l'obligation absolue, dans tous les ateliers et manufactures à force motrice, de couvrir et d'entourer, jusqu'à une hauteur déterminée, les courroies de transmission. » L'Assemblée a adopté ce vœu complété par l'adjonction suivante demandée par la 21e *bis* Commission : « Ces courroies ainsi que les engrenages seront recouverts d'enveloppes métalliques. » Des renseignements ont été fournis, à ce sujet, par l'inspecteur de la 5e section dans son rapport de 1892.

D'autre part, les rapports des inspecteurs des anciennes sections nos 11 et 12, contiennent pour le 1er semestre 1891 de justes observations dont devraient tenir compte certains industriels qui y sont visés, principalement : les mouleurs sur bois, les propriétaires de chantiers, de construction navale, les apprêteurs d'étoffes, etc...

Voici les 23 affaires d'accidents relevées, — 14 en 1891, 9 en 1892 — et ayant motivé un procès-verbal :

En 1891 :

IIe arrondissement. — Une enfant de 12 ans était employée chez un brodeur à nettoyer, avec une brosse de chiendent trempée dans l'essence minérale, des passementeries de jais montées sur cuivre. Par suite sans doute du frottement de la brosse sur les fils, l'essence s'étant enflammée, le feu se communiqua aux vêtements de l'enfant et lui fit de profondes blessures. — Transport à l'hôpital. — *Procès-verbal* (infraction à l'art. 13, § 2, de la loi du 19 mai 1874). — 100 francs d'amende.

IVe arrondissement. — Un enfant de 15 ans était occupé chez un papetier à mettre le papier devant une machine à couper, manœuvrée par son patron. Au lieu de pousser la feuille jusqu'à la bordure du guide, l'enfant avança l'index plus avant. A ce moment, le patron abaissait le couteau qui trancha le doigt. — Transport à l'hôpital. — *Procès-verbal* (infraction à l'art. 7 du décret du 13 mai 1875). — 25 francs d'amende.

VIe arrondissement. — Un enfant de 14 ans était occupé chez un imprimeur à secouer des chiffons qui avaient servi à essuyer une machine à imprimer. En se retournant, il plaça un pied dans une ouverture non protégée, communiquant avec le sous-sol et glissa à l'étage inférieur. Le chef d'équipe, au moment de l'ouverture de cette trappe, avait toutefois crié : « Faites attention ! » — Transport à l'hôpital. — *Procès-verbal* (infraction à l'art. 14 de la loi du 19 mai 1874). — 1 franc d'amende.

X^e arrondissement. — Un enfant de 14 ans a été blessé chez un fabricant de chaussures en plaçant, sans réflexion, la main entre la tablette d'une machine à poser les talons et son volant. Cette machine n'était pas pourvue d'organes protecteurs. — Transport à l'hôpital. — *Procès-verbal* (infractions à l'art. 12 de la loi du 19 mai 1874 et à l'art. 2 du décret du 13 mai 1875). — Affaire classée par le Parquet.

— Un enfant de 14 ans et 5 mois travaillait pour le compte d'un fumiste, sur le toit d'une maison à deux étages, à la réfection d'une cheminée. Il se trouvait sur une planche servant d'échafaudage et placée devant une lucarne, lorsqu'il tomba dans la cour. — Responsabilité du patron, l'enfant n'ayant pas 16 ans. — Transport à l'hôpital. — *Procès-verbal* (infraction à l'art. 1er du décret du 31 octobre 1882). — 25 francs d'amende.

XIe arrondissement. — Une enfant de 13 ans, employée chez un loueur de force motrice comme ouvrière plumassière, descendait un escalier lorsqu'elle fut heurtée par un enfant resté inconnu ; rejetée contre un arbre de transmission qui se trouvait à une trop faible distance de la rampe et non protégé, malgré les avis réitérés du Service de l'Inspection ; la jeune fille fut grièvement blessée. — Transport à l'hôpital. — *Procès-verbal* (infraction à l'art. 14 de la loi du 19 mai 1874). — 100 francs d'amende.

— Un enfant de 13 ans, occupé chez un tôlier, montait un escalier de l'atelier lorsqu'il voulut se garer pour laisser passer les porteurs d'une grosse lessiveuse qui tenait toute la largeur du dit escalier. Pour ce faire, il passa à travers la rampe et perdant l'équilibre il tomba sur le sol au droit d'une machine à cintrer les tôles, à laquelle il porta instinctivement la main pour se retenir. Les doigts furent pris et broyés entre les cylindres. Au moment de l'accident, il manquait un barreau à la rampe de l'escalier, ce qui laissait, en face de la machine, un vide dangereux de $0^{m},90$ cent. En outre, les engrenages de la machine n'étaient pas garantis. — *Procès-verbal* (infractions à l'art. 12 de la loi du 19 mai 1874 et à l'art. 2 du décret du 13 mai 1875). — 16 francs d'amende.

— Un enfant de 14 ans, employé chez un tôlier, rivait des pattes sur des cuves en tôle. Il quitta sa place pour jouer avec un de ses camarades (ce jeu consistait à se lancer réciproquement des rivets). S'étant approché d'une machine à cintrer la tôle, pour se protéger, il se baissa en portant par inadvertance la main sur les cylindres de la machine. — Transport à l'hôpital. — *Procès-verbal* (infractions aux articles 12 de la loi du 19 mai 1874 et 2 du décret du 13 mai 1875). — Affaire classée par le Parquet.

XXe arrondissement. — Un enfant de 14 ans, occupé chez un cartonnier, a eu au cours de son travail les doigts pris dans un engrenage très dangereux, placé à la hauteur de sa main et non pourvu d'un organe protecteur. — Transport à l'hôpital. — *Procès-verbal* (infractions aux art. 12 de la loi du 19 mai 1874 et 2 du décret du 13 mai 1875).

Arrondissement de Saint-Denis. — Un enfant de 14 ans travaillait, dans une scierie à vapeur, à un outil à lames tranchantes nommé toupie et servant à faire des moulures rondes pour des plateaux en bois. Plusieurs de ces plateaux étant tombés à terre, il se baissa pour les ramasser. En se relevant, il plaça, par inadvertance, la main sur la toupie qui la lui mutila. — Transport à l'hôpital. — *Procès-verbal* (infraction à l'art. 7 du décret du 13 mai 1875). — 16 francs d'amende.

Arrondissement de Sceaux. — Un enfant de 13 ans, occupé chez un papetier, a eu un doigt pris dans l'engrenage latéral d'une machine à imprimer à laquelle il travaillait. Cet engrenage n'était pas muni d'organes protecteurs. Cet enfant n'avait pas de livret et travaillait plus de six heures par jour sans posséder le certificat d'instruction élémentaire. Le registre d'inscription n'existait pas. La loi n'était pas affichée dans l'atelier. — *Procès-verbal* (infraction aux art. 9, 10, 11 et 14 de la loi du 19 mai 1874). — 49 francs d'amende.

— Un enfant de 14 ans, chargé par son patron, blanchisseur, d'aller chercher un outil dans un bâtiment où se trouvait un manège tournant au moyen d'un cheval, passa trop près du puits du manège non recouvert et glissa sur le bord de la margelle. Dans cette chute, la jambe se trouva prise entre la roue et les croisillons. — Transport à l'hôpital. — *Procès-verbal* (infraction aux art. 14 de la loi du 19 mai 1874 et 2 du décret du 13 mai 1875). — 16 francs d'amende.

— Une enfant de 13 ans a été blessée chez un teinturier en se suspendant à un arbre vertical de transmission, qu'elle avait saisi, avec l'intention de tourner avec. Ses vêtements s'étant enroulés à l'arbre, elle a été entraînée dans sa course. Cet arbre de transmission, qui offrait un danger réel, n'était pas protégé. — Transport à l'hôpital. — *Procès-verbal* (infraction à l'art. 14 de la loi du 19 mai 1874). — Affaire classée par le Parquet.

— Un enfant de 13 ans et demi, employé chez un imprimeur, avait reçu l'ordre de son patron d'appuyer avec lui sur le levier qui fait tourner le volant d'une machine à imprimer. Celui-ci plaça son pied sur une pédale, devant celui de son patron et la presse fut mise en mouvement. Malheureusement, le soulier de l'enfant étant garni de clous, glissa le long du levier et le pied se trouva pris entre ce levier et le volant qui continuait à tourner. — Transport à l'hôpital. — *Procès-verbal* (infraction à l'art. 2 du décret du 13 mai 1875). — 16 francs d'amende.

En 1892 :

*I*er *arrondissement.* — Un enfant de 14 ans et demi, qui travaillait, un dimanche, chez un imprimeur, a eu l'index de la main droite écrasé en voulant essuyer la machine à imprimer à laquelle il travaillait et qui était toujours en marche. — *Procès-verbal* (infraction aux art. 5 et 12 de la loi). — Affaire classée par le Parquet.

*II*e *arrondissement.* — Un enfant de 13 ans, au service d'un emballeur, avait reçu l'ordre de tourner la manivelle d'un appareil, composé de deux roues à engrenage et d'un volant, destinés à mettre en mouvement une scie circulaire. Dans un moment de distraction il posa sur le volant la main gauche qui fut attirée dans l'engrenage. Transport à l'hôpital. — *Procès-verbal* (infraction à l'art. 12 de la loi et à l'art. 2 du décret du 13 mai 1875). — 16 francs d'amende.

*V*e *arrondissement.* — Un enfant de 15 ans, employé chez un serrurier, a eu plusieurs doigts écrasés par l'engrenage de la machine à percer qu'il avait reçu l'ordre de nettoyer. — *Procès-verbal* (infraction à l'art. 12 de la loi et à l'art. 1er du décret du 13 mai 1875). — Suite judiciaire non encore parvenue.

*XI*e *arrondissement.* — Un enfant de 15 ans, employé chez un imprimeur, passa, par inattention, la jambe droite dans l'ouverture latérale du bâtis de la presse à laquelle il travaillait et qui aurait dû être pourvue d'un appareil protecteur. Transport à l'hôpital. — *Procès-verbal* (infraction à l'art. 2 du décret du 13 mai 1875). — Suite judiciaire non encore parvenue.

— Un enfant de 13 ans était occupé chez un albâtrier; malgré les observations de l'ouvrier présent, et, en l'absence du patron, il voulut plier des scies à ruban qui étaient pendues contre une cloison de l'atelier. Dans les mouvements que fit l'apprenti, une des scies s'embarrassa entre une courroie distante d'environ un mètre de la cloison et sa poulie, elle fut entraînée sur l'arbre en même temps qu'elle entourait les poignets de l'enfant qui fut saisi et enlevé. La courroie n'était pas munie d'organes protecteurs. Transport à l'hôpital. — *Procès-verbal* (infraction aux art. 13 et 14 de la loi et à l'art. 2 du décret du 13 mai 1875). — 70 francs d'amende.

— Un enfant de moins de 16 ans travaillait chez un moulurier à une machine à lames tranchantes, mue mécaniquement et dite « moulurière ». Pendant que la machine était en marche, l'enfant voulut procéder au réglage du guide postérieur de la moulure. En manœuvrant la vis disposée à cet effet, sa main gauche échappa brusquement de la poignée de manivelle et fut projetée contre l'outil en rotation qui la mutila gravement. — *Procès-verbal* (infraction à l'art. 12 de la loi et à l'art. 2 du décret du 13 mai 1875). — Suite judiciaire non parvenue.

XVe arrondissement. — Un enfant de 14 ans, occupé chez des fabricants de caoutchouc, surveillait, ainsi que cela lui avait été commandé, un mélangeur en marche, quand un morceau de caoutchouc contenu dans l'appareil tomba entre cet appareil et un engrenage non pourvu d'organes protecteurs et placé à quelques centimètres. C'est en voulant ramasser cet objet que l'enfant eut la manche prise dans l'engrenage et que le bras fut entraîné. Transport à l'hôpital. — *Procès-verbal* (infraction à l'art. 14 de la loi). — Affaire classée par le Parquet.

Arrondissement de Saint-Denis. (Canton de Courbevoie). — Un enfant de 13 ans, employé chez un fabricant de craie, en exécutant un travail commandé, a été saisi par un arbre de transmission non couvert d'un organe protecteur. Transport à l'hôpital où l'enfant est décédé quelques heures après. — *Procès-verbal* (infraction à l'art. 12 de la loi et à l'art. 2 du décret du 13 mai 1875). — Affaire classée par le Parquet.

— (Canton de Saint-Denis). — Un enfant de 13 ans, employé dans une raffinerie de pétrole, voulut allumer une lampe au foyer même d'une machine à vapeur. Ses vêtements enduits de gras par les produits qu'il touchait s'enflammèrent. Transport à l'hôpital où le décès a eu lieu le lendemain. — *Procès-verbal* (infraction à l'art. 13 de la loi et à l'art. 1er du décret du 13 mai 1875). — Suite judiciaire non parvenue.

Ainsi qu'on le verra plus loin, il n'a pas été donné de suite judiciaire, par le Parquet, à plusieurs affaires d'accident qui lui avaient été transmises, ce dont se plaint un inspecteur : « Lorsque, dit-il, après un accident survenu dans un établissement industriel, signalé dans mes visites précédentes comme n'ayant pas satisfait à toutes les obligations légales, je dresse un procès-verbal indispensable, il m'est pénible de le voir rester à l'état de lettre morte. Cela ne m'est pas arrivé souvent, j'en conviens ; cependant j'estime qu'il suffit d'un fait de ce genre pour enlever à l'Inspection une partie de son autorité. »

L'inspecteur de la 5e section émet également un même avis : « Quand un accident se produit par la faute d'un industriel qui n'a pas suffisamment protégé les organes dangereux de ses ateliers, il n'y a pas d'hésitation. En cas de poursuite, s'il est habilement défendu, le tribunal n'admettra pas toujours *de plano* l'existence du danger signalé ; il pourra acquitter ou nommer des experts qui discuteront et peut-être contrediront les conclusions du rapport de l'inspecteur. Quelle sera la situation de ce fonctionnaire lorsqu'il retournera dans l'atelier ? il ne sera plus écouté lorsqu'il prescrira des mesures de précaution. Le but à obtenir est la sécurité ; si l'on y arrive par la persuasion, tandis qu'on échouerait par la rigueur, c'est bien la persuasion qu'il faut employer. Ce moyen est généralement sûr ; mais il est un peu lent. Le patron qui, par une concession qu'il juge en lui-même exagérée, a placé un appareil protecteur quelconque, est tout étonné quand, tout en le félicitant de la modification, nous lui indiquons qu'elle est insuffisante. Il faut parlementer et non menacer, car ce serait une injustice de sévir contre quelqu'un qui a fait acte de bonne volonté ; ce serait aussi une faute, puisqu'on arrêterait les effets de cette bonne volonté, qu'il est facile d'entretenir par la patience et l'aménité.»

Il nous faut mentionner, ici, pour terminer le chapitre relatif aux accidents, le rapport présenté par M. Bompard, vice-président de la Commission départementale supérieure, à propos d'un accident survenu le 17 février 1891, dans une fabrique de mécaniques de pianos. Cette affaire a donné lieu, dans les séances de la Commission des 30 avril et 23 mai suivants (1), à des observations qui ont motivé le rapport de M. Bompard.

SECTION VI

Inspection (articles 16, 17, 18 et 19).

Seul, l'article 18 nous intéresse : il a trait aux visites effectuées par le Service de l'Inspection dans les établissements manufacturiers, ateliers et chantiers du département, et aux obligations qui incombent à ces fonctionnaires.

Pendant l'exercice 1891, le nombre de visites effectuées dans les 30.730 ateliers soumis aux deux lois de 1874 et 1848, s'est élevé à 41.437, en augmentation de 2.672.

---

(1) Les procès-verbaux de ces deux séances ont été insérés au *Bulletin municipal officiel* du 21 janvier 1892.

Tableau des Établissements industriels

ARRONDISSEMENTS	QUARTIERS	NOMBRE DES INDUSTRIELS n'occupant personne lors de la visite.	NOMBRE DES INDUSTRIELS SOUMIS à la loi de 1874 seule.	SOUMIS aux lois de 1874 et 1848 réunies.	SOUMIS à la loi de 1848 seule.	NOMBRE D'ENFANTS au-dessous de 12 ans. GARÇONS	au-dessous de 12 ans. FILLES	NOMBRE D'ENFANTS de 12 à 15 ans. GARÇONS	de 12 à 15 ans. FILLES	NOMBRE D'ENFANTS de 13 à 16 ans. GARÇONS	de 13 à 16 ans. FILLES
Ier	1. Saint-Germain-l'Auxerrois.	17	24	2	2	»	»	33	»	13	1
	2. Halles	49	60	5	5	»	»	87	»	53	6
	3. Palais-Royal	47	70	4	4	»	»	68	2	45	2
	4. Place-Vendôme	27	34	»	1	»	»	18	»	24	»
IIe	5. Gaillon.	10	48	2	2	»	»	47	6	29	6
	6. Vivienne.	18	69	2	»	»	»	69	2	43	»
	7. Mail	38	113	6	1	»	»	105	7	68	7
	8. Bonne-Nouvelle.	104	278	12	16	1	»	237	47	134	37
IIIe	9. Arts-et-Métiers	98	268	26	29	»	»	259	42	129	17
	10. Enfants-Rouges.	83	215	42	9	»	»	234	26	130	12
	11. Archives.	47	272	43	21	»	»	316	73	192	34
	12. Sainte-Avoie	78	281	54	27	»	»	333	51	160	18
IVe	13. Saint-Merri.	40	62	4	12	»	»	58	6	31	4
	14. Saint-Gervais.	56	72	1	7	»	»	64	11	36	7
	15. Arsenal	23	35	3	6	»	»	34	1	22	»
	16. Notre-Dame	10	12	2	1	»	»	13	»	6	»
Ve	17. Saint-Victor.	32	44	4	3	»	»	58	4	23	»
	18. Jardin-des-Plantes	24	13	5	19	»	»	23	19	7	8
	19. Val-de-Grâce	49	77	5	16	»	»	125	24	70	22
	20. Sorbonne.	47	83	3	1	»	»	89	7	50	5
VIe	21. Monnaie	47	47	14	1	»	»	103	8	42	17
	22. Odéon	22	34	8	2	»	»	66	21	31	3
	23. Notre-Dame-des-Champs. .	47	69	19	5	»	»	303	98	189	12
	24. Saint-Germain-des-Prés .	25	47	5	1	»	»	81	18	39	5
VIIe	25. Saint-Thomas-d'Aquin. . .	36	40	4	3	»	»	66	2	28	»
	26. Invalides	12	17	2	»	»	»	18	9	18	»
	27. Ecole-Militaire	8	11	7	2	»	»	11	20	15	9
	28. Gros-Caillou	23	12	4	13	»	»	11	10	10	1
VIIIe	29. Champs-Élyséeɑ.	3	3	3	1	»	»	14	»	5	»
	30. Faubourg-du-Roule. . . .	20	37	3	2	»	»	38	»	38	»
	31. Madeleine	40	46	2	1	»	»	53	»	20	»
	32. Europe.	46	46	2	2	»	»	45	1	23	»
IXe	33. Saint-Georges.	39	79	3	3	»	»	62	»	41	»
	34. Chaussée-d'Antin	26	71	7	1	»	»	75	»	59	»
	35. Faubourg-Montmartre. . .	17	86	4	4	»	»	151	11	86	7
	36. Rochechouart.	32	100	15	11	»	»	135	32	68	25
Xe	37. Saint-Vincent-de-Paul. . .	25	62	19	13	»	»	182	84	53	32
	38. Porte-Saint-Denis	26	88	23	12	»	»	155	29	67	15
	39. Porte-Saint-M rtin.	53	138	46	41	»	»	305	97	117	29
	40. Hôpital-Saint-Louis. . . .	45	99	81	110	»	»	344	79	102	40

visités par les Inspecteurs.

LOI DU 19 MAI 1874.											LOI DU 9 SEPTEMBRE 1848.		
NOMBRE D'ENFANTS ayant le livret.		ENFANTS au-dessous de 12 ans allant à l'école.		NOMBRE D'ENFANTS de 12 à 15 ans						NOMBRE DE FILLES MINEURES de 16 à 21 ans.	ADULTES		DURÉE MOYENNE du TRAVAIL
				GARÇONS			FILLES						
GARÇONS	FILLES	GARÇONS	FILLES	ayant le certificat d'études (Loi de 1882).	ayant le certificat d'instruction.	allant à l'école.	ayant le certificat d'études (Loi de 1882).	ayant le certificat d'instruction.	allant à l'école.		HOMMES	FEMMES	
45	1	»	»	6	27	»	»	»	»	1	314	24	10 heures.
40	5	»	»	21	65	1	»	»	»	22	204	92	» —
112	4	»	»	18	50	»	»	2	»	19	288	138	» —
39	»	»	»	5	11	»	»	»	»	1	15	80	» —
73	12	»	»	15	25	»	1	4	»	17	142	20	9, 10, 11 —
106	2	»	»	24	31	»	»	2	»	2	62	»	9, 10, 11 —
150	14	»	»	32	48	»	1	6	»	59	151	74	9, 10, 11 —
344	69	»	»	31	152	»	3	27	»	100	582	125	9, 10, 11 —
314	51	»	»	36	133	»	4	25	»	61	462	179	9, 10, 11 —
272	30	»	»	57	88	»	5	15	»	63	987	117	10, 11 —
383	94	»	»	43	143	»	3	47	»	159	1.513	477	10, 11 —
368	55	»	»	41	154	»	9	20	»	126	1.126	455	10, 11 —
85	10	»	»	7	51	»	2	4	»	44	317	550	10 —
100	16	»	»	14	50	»	2	8	»	20	281	122	» —
53	1	»	»	8	25	»	»	1	»	7	219	11	» —
19	»	»	»	2	11	»	»	»	»	»	39	2	» —
80	»	»	»	13	44	»	3	1	»	1	86	72	» —
30	27	»	»	6	17	»	2	17	»	34	788	104	» —
195	46	»	»	36	88	1	»	24	»	53	661	150	» —
149	12	»	»	20	69	»	»	7	»	12	81	20	» —
116	14	»	»	23	40	»	»	5	»	30	525	80	» —
85	11	»	»	13	38	»	2	7	»	35	388	71	» —
471	48	»	»	37	161	82	11	23	»	50	691	229	» —
109	18	»	»	29	41	»	4	10	»	20	143	57	» —
56	1	»	»	12	23	»	1	»	»	4	182	36	» —
26	»	»	»	»	11	»	»	»	»	»	130	»	» —
19	15	»	»	2	8	»	»	6	»	15	233	67	» —
16	»	»	»	2	5	»	»	»	»	3	393	44	» —
13	»	»	»	1	11	»	»	»	»	»	74	»	» —
61	»	»	»	11	15	»	»	»	»	»	232	21	» —
54	»	»	»	7	24	»	»	»	»	»	278	18	» —
43	»	»	»	5	23	»	»	1	»	2	83	1	» —
87	»	»	»	14	26	»	»	»	»	1	256	»	9, 10, 11 —
124	»	»	»	20	41	»	»	»	»	9	802	145	9, 10, 11 —
217	16	»	»	79	56	»	1	9	»	41	280	46	9, 10, 11 —
191	56	»	»	36	73	2	6	23	»	136	1.352	403	9, 10, 11 —
218	116	»	»	32	130	»	8	73	»	126	1.556	420	» —
199	42	»	»	30	107	»	4	19	»	55	1.039	192	» —
387	121	»	»	81	194	»	22	70	»	183	2.639	708	» —
395	107	»	»	67	219	»	14	58	»	121	3.904	503	» —

Tableau des Établissements industriel

ARRONDISSEMENTS	QUARTIERS	NOMBRE DES INDUSTRIELS n'occupant personne lors de la visite.	SOUMIS à la loi de 1874 seule.	SOUMIS aux lois de 1874 et 1848 réunies.	SOUMIS à la loi de 1848 seule.	NOMBRE D'ENFANTS au-dessous de 12 ans. GARÇONS	NOMBRE D'ENFANTS au-dessous de 12 ans. FILLES	NOMBRE D'ENFANTS de 12 à 15 ans. GARÇONS	NOMBRE D'ENFANTS de 12 à 15 ans. FILLES	NOMBRE D'ENFANTS de 15 à 16 ans. GARÇONS	NOMBRE D'ENFANTS de 15 à 16 ans. FILLES
XIe	41. Folie-Méricourt	168	340	86	76	»	»	500	117	206	56
	42. Saint-Ambroise	162	297	82	79	»	»	476	51	226	29
	43. Roquette	204	200	128	234	3	»	458	73	212	48
	44. Sainte-Marguerite	188	169	67	97	»	»	269	119	124	76
XIIe	45. Bel-Air	8	11	8	13	»	»	25	»	12	»
	46. Picpus	40	63	19	28	»	»	98	44	50	15
	47. Bercy	6	11	3	5	»	»	22	»	21	»
	48. Quinze-Vingts	85	151	31	48	»	»	148	14	104	9
XIIIe	49. Salpêtrière	20	21	10	12	»	»	46	26	18	5
	50. Gare	21	17	8	21	»	»	30	10	23	4
	51. Maison-Blanche	34	35	11	22	»	»	38	22	19	27
	52. Croulebarbe	12	11	19	31	»	»	66	96	37	40
XIVe	53. Montparnasse	49	33	28	16	»	»	75	59	36	32
	54. Santé	4	6	7	3	»	»	17	9	9	2
	55. Petit-Montrouge	44	36	9	2[illegible]	»	»	38	24	16	4
	56. Plaisance	93	29	19	17	»	»	57	20	19	17
XVe	57. Saint-Lambert	22	17	7	15	»	»	38	8	15	3
	58. Necker	33	44	29	15	»	»	80	35	43	23
	59. Grenelle	17	23	23	17	»	»	100	37	67	7
	60. Javel	4	10	11	7	»	»	23	16	17	7
XVIe	61. Auteuil	21	2	9	1	»	»	89	2	40	3
	62. Muette	28	25	1	8	»	»	17	»	18	»
	63. Porte-Dauphine	3	6	6	3	»	»	21	»	8	»
	64. Bassins	4	16	7	8	»	»	24	»	9	»
XVIIe	65. Ternes	53	73	15	14	»	»	58	»	54	»
	66. Plaine-Monceaux	36	32	11	8	»	»	30	2	21	»
	67. Batignolles	79	58	5	9	»	»	66	1	22	»
	68. Epinettes	48	32	4	9	»	»	61	»	33	»
XVIIIe	69. Grandes-Carrières	68	32	17	16	»	»	65	11	28	9
	70. Clignancourt	111	75	17	17	»	»	121	18	87	21
	71. Goutte-d'Or	69	44	12	20	»	»	57	15	62	14
	72. La Chapelle	32	16	14	5	»	»	39	11	21	8
XIXe	73. La Villette	74	56	59	42	»	»	102	22	68	20
	74. Pont-de-Flandre	17	8	18	16	»	»	18	8	23	10
	75. Amérique	20	24	22	21	»	»	29	7	27	14
	76. Combat	49	37	24	27	»	»	65	13	48	23
XXe	77. Belleville	46	44	14	31	»	»	59	20	28	14
	78. Saint-Fargeau	10	12	3	10	»	»	15	1	7	1
	79. Père-Lachaise	34	55	25	32	»	»	64	22	30	12
	80. Charonne	17	35	35	23	»	»	63	70	24	48

visités par les Inspecteurs *(Suite)*.

LOI DU 19 MAI 1874.											LOI DU 9 SEPTEMBRE 1848.		
NOMBRE D'ENFANTS ayant le livret.		ENFANTS au-dessous de 12 ans allant à l'école.		NOMBRE D'ENFANTS de 12 à 15 ans						NOMBRE DE FILLES MINEURES de 16 à 21 ans.	ADULTES		DURÉE MOYENNE du TRAVAIL
				GARÇONS			FILLES						
GARÇONS	FILLES	GARÇONS	FILLES	ayant le certificat d'études (Loi de 1882).	ayant le certificat d'instruction	allant à l'école.	ayant le certificat d'études (Loi de 1882).	ayant le certificat d'instruction	allant à l'école.		HOMMES	FEMMES	
564	170	»	»	96	260	»	13	94	1	228	3.509	1.154	» heures
564	71	»	»	74	262	1	5	33	»	130	4.038	413	» —
558	109	»	»	80	249	6	13	50	»	176	5.393	862	» —
308	189	»	»	48	131	2	20	79	1	177	2.608	812	» —
32	»	»	»	5	17	»	»	»	»	2	593	»	10 —
125	55	»	»	18	61	»	5	28	»	105	1.437	273	10 —
39	»	»	»	7	10	»	»	»	»	»	959	2	10 —
202	19	»	»	28	78	»	6	5	»	49	1.906	407	10 — 1/2
53	27	»	»	7	21	»	1	15	»	46	527	66	10 — 1/2
41	6	»	»	10	10	»	»	2	»	49	3.470	203	10 —
50	39	»	»	8	18	»	1	10	»	128	525	339	10 — 1/2
99	133	»	»	11	45	»	14	74	»	128	2.124	720	10 —
93	85	»	»	14	38	»	6	40	»	85	813	295	» —
20	9	»	»	1	9	»	2	5	»	9	282	121	» —
35	23	»	»	7	15	»	4	9	»	19	373	110	» —
64	23	»	»	5	36	»	2	11	»	70	754	317	» —
38	10	»	»	4	20	»	1	7	»	12	530	106	» —
97	48	»	»	15	36	»	2	19	»	92	2.095	428	» —
136	28	»	»	8	77	»	2	8	»	104	3.011	531	» —
37	19	»	»	4	17	»	3	9	»	38	585	269	» —
84	2	»	»	1	2	74	1	2	»	6	44	24	»
11	»	»	»	»	4	»	»	»	»	2	213	14	»
25	»	»	»	1	15	»	»	»	»	»	310	»	»
19	»	»	»	4	6	»	»	»	»	5	264	75	»
52	»	»	»	13	31	»	»	»	»	»	840	11	»
52	1	»	»	10	21	»	»	»	»	27	1.015	289	»
65	1	»	»	11	29	»	1	1	»	1	1.062	21	»
76	»	»	»	13	32	3	»	»	»	»	600	25	»
68	14	»	»	10	36	»	1	6	»	24	540	57	9, 11 —
145	30	»	»	16	68	»	»	12	»	26	1.810	68	» —
84	20	»	»	8	31	»	»	7	»	35	1.145	57	» —
46	13	»	»	8	19	»	»	6	»	23	1.316	91	» —
119	31	»	»	12	75	1	»	14	»	91	2.121	722	» —
29	12	»	»	3	9	»	»	5	»	29	947	115	» —
34	15	»	»	3	16	»	»	3	»	34	840	96	» —
70	25	»	»	7	39	»	»	7	»	37	957	112	» —
76	23	»	»	7	14	»	4	5	»	60	417	338	10 —
12	1	»	»	2	4	»	1	»	»	6	268	45	10 —
81	29	»	»	8	35	»	2	9	»	74	557	229	10 —
75	99	»	»	9	39	»	8	48	»	217	1.330	950	10 —

Tableau des Établissements industriels

CANTONS	COMMUNES	NOMBRE DES INDUSTRIELS n'occupant personne lors de la visite.	NOMBRE DES INDUSTRIELS SOUMIS à la loi de 1874 seule.	SOUMIS aux lois de 1874 et 1848 réunies.	SOUMIS à la loi de 1848 seule.	NOMBRE D'ENFANTS au-dessous de 12 ans. GARÇONS	NOMBRE D'ENFANTS au-dessous de 12 ans. FILLES	NOMBRE D'ENFANTS de 12 à 15 ans. GARÇONS	NOMBRE D'ENFANTS de 12 à 15 ans. FILLES	NOMBRE D'ENFANTS de 15 à 16 ans. GARÇONS	NOMBRE D'ENFANTS de 15 à 16 ans. FILLES
SAINT-DENIS	Aubervilliers	49	24	24	18	»	»	85	51	41	19
	La Courneuve	4	1	4	1	»	»	10	6	11	2
	Dugny	3	2	1	»	»	»	1	»	4	»
	Epinay	9	3	5	3	»	»	24	»	17	»
	Ile-Saint-Denis	6	1	1	2	»	»	4	»	2	1
	Pierrefitte	5	2	2	»	»	»	2	1	2	»
	Saint-Denis	82	83	63	33	36	4	419	84	294	97
	Saint-Ouen	40	9	18	12	5	»	107	39	72	32
	Stains	2	4	4	1	»	»	4	»	6	»
	Villetaneuse	1	»	2	»	»	»	2	2	»	1
PANTIN	Bagnolet	22	13	3	6	»	»	15	»	8	1
	Bobigny	»	»	2	»	»	»	3	»	»	»
	Bondy	5	3	3	1	»	»	13	16	8	10
	Le Bourget	6	6	2	3	5	»	38	6	9	7
	Drancy	»	»	»	»	»	»	»	»	»	»
	Les Lilas	22	21	8	10	»	»	42	30	32	19
	Noisy-le-Sec	18	12	2	1	»	»	12	»	6	»
	Pantin	48	40	21	11	6	»	168	57	130	48
	Pré-Saint-Gervais	18	9	5	4	»	»	11	7	10	9
	Romainville	10	6	»	2	»	»	3	2	3	»
COURBEVOIE	Asnières	37	20	7	7	»	»	51	3	22	»
	Colombes	41	17	5	3	»	»	25	1	15	1
	Courbevoie	29	18	15	12	»	»	34	18	33	13
	Gennevilliers	9	9	2	8	»	»	13	1	5	1
	Nanterre	14	7	5	7	»	»	9	»	6	2
	Suresnes	13	14	8	4	»	»	40	1	19	2
	Puteaux	29	24	30	18	»	»	75	15	36	16
NEUILLY	Boulogne	53	49	14	18	»	»	73	12	32	8
	Clichy	35	23	22	27	»	»	169	67	79	26
	Levallois	44	45	27	22	»	»	75	34	36	36
	Neuilly	46	36	14	3	»	»	36	4	25	6
CHARENTON	Alfortville	11	5	2	10	»	»	12	»	10	»
	Bry-sur-Marne	1	4	»	4	»	»	»	»	»	»
	Champigny	9	11	»	3	»	»	4	»	6	»
	Charenton	26	12	1	21	»	»	13	»	5	»
	Créteil	8	10	3	7	»	»	11	»	14	»
	Joinville	11	5	4	3	»	»	14	7	14	4
	Maisons-Alfort	8	7	5	9	»	»	12	2	10	»
	Nogent-sur-Marne	10	14	2	3	»	»	14	9	4	»
	Le Perreux	11	7	»	1	»	»	4	»	3	»
	Saint-Maur	30	17	4	»	»	»	13	7	15	2
	Saint-Maurice	4	16	2	1	»	»	5	1	5	1

visités par les Inspecteurs *(Suite)*.

LOI DU 19 MAI 1874.											LOI DU 9 SEPTEMBRE 1848.		
NOMBRE D'ENFANTS ayant le livret.		ENFANTS au-dessous de 12 ans allant à l'école.		NOMBRE D'ENFANTS de 12 à 15 ans						NOMBRE DE FILLES MINEURES de 16 à 21 ans.	ADULTES		DURÉE MOYENNE du TRAVAIL
				GARÇONS			FILLES						
GARÇONS	FILLES	GARÇONS	FILLES	ayant le certificat d'études (Loi de 1882).	ayant le certificat d'instruction.	allant à l'école.	ayant le certificat d'études (Loi de 1882).	ayant le certificat d'instruction.	allant à l'école.		HOMMES	FEMMES	
122	65	»	»	5	74	2	»	43	»	113	1.719	381	11 heures.
20	3	»	»	3	6	»	»	2	»	15	163	18	10 —
3	»	»	»	1	»	»	»	»	»	»	50	7	10 —
38	»	»	»	3	15	»	»	»	»	»	258	»	11 —
5	1	»	»	1	3	»	»	»	»	1	100	20	11 —
4	1	»	»	»	2	»	»	1	»	7	18	15	11 —
740	160	36	4	47	262	131	»	65	»	243	8.662	598	11 —
178	71	5	»	9	89	16	»	34	»	115	3.367	311	10 —
9	»	»	»	1	3	»	»	»	»	16	222	120	10 —
2	3	»	»	1	1	»	»	»	»	6	48	27	10 —
22	7	»	»	2	4	»	»	»	»	14	145	42	10 —
3	»	»	»	»	3	»	»	»	»	»	28	»	»
21	26	»	»	»	5	»	»	13	8	27	109	15	11 —
51	13	5	»	3	7	37	»	6	»	17	48	4	11 —
»	»	»	»	»	»	»	»	»	»	»	»	»	»
61	46	»	»	4	25	13	»	13	2	29	121	59	11 —
14	»	»	»	1	8	1	»	»	»	2	81	2	11 —
263	103	6	»	29	174	22	3	23	19	101	2.326	356	11 —
17	15	»	»	»	7	»	»	2	»	19	193	64	11 —
3	2	»	»	3	»	»	»	1	»	»	67	»	10 —
55	2	»	»	»	39	»	»	3	»	11	604	32	10 —
31	1	»	»	4	10	»	»	»	»	1	219	13	11 —
56	29	»	»	3	22	1	3	13	»	52	788	273	10 —
10	2	»	»	»	6	»	»	1	»	6	131	4	10 —
13	1	»	»	1	6	»	»	»	»	4	115	42	11 —
49	3	»	»	4	23	»	»	»	»	28	878	176	10 —
110	30	»	»	12	61	»	»	15	»	81	1.264	281	»
98	20	»	»	25	43	»	»	10	»	28	691	102	»
239	93	»	»	30	138	»	7	58	»	127	2.333	460	»
107	68	»	»	15	57	»	2	30	»	226	1.696	603	»
58	10	»	»	10	26	»	1	3	»	41	489	288	»
8	»	»	»	3	7	»	»	»	»	»	180	»	10 —
3	»	»	»	»	»	»	»	»	»	»	39	»	10 —
6	»	»	»	»	4	»	»	»	»	1	85	»	10 —
21	»	»	»	1	6	»	»	»	»	»	252	30	10 —
25	»	»	»	»	9	»	»	»	»	»	63	6	10 —
26	10	»	»	2	8	»	»	2	»	42	213	77	9 —
21	»	»	»	»	7	»	»	2	»	»	81	42	11 —
14	7	»	»	2	8	»	»	7	»	48	185	175	11 —
3	»	»	»	»	1	»	»	»	»	»	3	»	10 —
18	8	»	»	1	5	»	»	6	»	9	332	108	10 —
11	2	»	»	1	1	»	»	1	»	11	13	30	10 —

Tableau des Établissements industrie

CANTONS	COMMUNES	NOMBRE DES INDUSTRIELS				NOMBRE D'ENFANTS au-dessous de 12 ans.		NOMBRE D'ENFANTS de 12 à 15 ans.		NOMBRE D'ENFANTS de 15 à 16 ans.	
		n'occupant personne lors de la visite.	SOUMIS à la loi de 1874 seule.	SOUMIS aux lois de 1874 et 1848 réunies.	SOUMIS à la loi de 1848 seule.	GARÇONS	FILLES	GARÇONS	FILLES	GARÇONS	FILLES
SCEAUX	Antony	12	3	»	5	»	»	2	»	1	»
	Bagneux	1	3	»	6	»	»	5	»	»	»
	Bourg-la-Reine	15	3	1	2	»	»	6	1	1	»
	Châtenay	1	1	»	»	»	»	»	»	1	»
	Châtillon	10	4	»	1	»	»	4	»	1	»
	Clamart	10	10	2	2	»	»	6	»	9	»
	Fontenay-aux-Roses	6	4	2	2	»	»	4	»	3	»
	Issy	4	8	5	18	»	»	11	17	21	12
	Malakoff	12	8	2	6	»	»	10	»	6	3
	Montrouge	8	7	3	24	»	»	9	3	1	2
	Sceaux	16	6	2	2	»	»	45	1	6	1
	Vanves	10	5	1	3	»	»	6	»	3	»
VILLEJUIF	Arcueil	6	6	4	3	»	»	9	3	7	2
	Choisy-le-Roi	5	10	6	5	»	»	44	8	52	30
	Gentilly	10	11	3	20	»	»	10	7	6	1
	L'Hay	2	1	»	»	»	»	2	»	»	»
	Ivry	23	19	21	54	»	»	65	16	54	22
	Orly	»	»	1	2	»	»	3	»	7	»
	Thiais	4	2	»	2	»	»	»	»	1	»
	Villejuif	3	8	1	20	»	»	»	»	»	»
	Vitry	9	9	4	5	»	»	8	3	5	»
	Fresnes	2	»	»	»	»	»	»	»	»	»
VINCENNES	Fontenay-sous-Bois	18	10	1	8	»	»	7	»	4	»
	Montreuil	53	28	21	25	»	»	68	41	37	27
	Rosny	8	4	»	»	»	»	4	»	»	»
	Saint-Mandé	23	21	8	7	»	»	29	»	8	2
	Villemomble	11	16	1	»	»	»	12	»	5	»
	Vincennes	65	37	10	13	»	»	36	1	22	»
	TOTAL	4.698	6.321	1.860	2.040	56	4	10.225	2.431	5.558	1.448

visités par les Inspecteurs (*Suite*).

LOI DU 19 MAI 1874.											LOI DU 9 SEPTEMBRE 1848.		
NOMBRE D'ENFANTS ayant le livret.		ENFANTS au-dessous de 12 ans allant à l'école.		NOMBRE D'ENFANTS de 12 à 15 ans.						NOMBRE DE FILLES MINEURES de 16 à 21 ans.	ADULTES		DURÉE MOYENNE du TRAVAIL
				GARÇONS			FILLES						
GARÇONS	FILLES	GARÇONS	FILLES	ayant le certificat d'études (Loi de 1882).	ayant le certificat d'instruction.	allant à l'école.	ayant le certificat d'études (Loi de 1882).	ayant le certificat d'instruction.	allant à l'école.		HOMMES	FEMMES	
1	»	»	»	1	1	»	»	»	»	»	20	»	10 heures.
1	»	»	»	»	»	»	»	»	»	»	160	2	10 —
2	2	»	»	»	2	»	1	5	»	1	39	15	10 —
»	»	»	»	»	»	»	»	»	»	»	»	»	10 —
2	»	»	»	»	1	»	»	»	»	»	29	»	10 —
9	»	»	»	2	2	»	»	»	»	3	40	»	10 —
4	»	»	»	»	3	»	»	»	»	1	195	9	10 —
29	20	»	»	8	2	»	»	17	»	108	1.185	252	10 —
5	2	»	»	1	8	»	»	»	»	1	130	5	10 —
9	3	»	»	3	8	»	»	7	»	5	275	32	11 —
140	2	»	»	»	43	»	»	1	»	61	141	46	10 —
7	»	»	»	»	2	»	»	»	»	1	43	30	10 —
16	5	»	»	»	8	»	»	3	»	42	151	116	10 —
95	38	»	»	3	9	27	»	»	6	54	791	329	10 —
12	27	»	»	»	35	»	»	»	»	19	232	144	11 —
2	»	»	»	»	»	»	»	»	»	»	»	»	10 —
109	29	»	»	5	31	13	»	6	9	65	2.089	381	11 —
10	»	»	»	»	3	»	»	»	»	»	149	»	10 —
1	»	»	»	»	»	»	»	»	»	»	49	»	10 —
5	»	»	»	»	»	»	»	»	»	»	306	6	10 —
12	3	»	»	»	5	»	»	3	»	»	167	2	11 —
»	»	»	»	»	»	»	»	»	»	»	»	»	10 —
11	»	»	»	3	3	»	»	»	»	»	58	5	10 —
92	56	»	»	10	46	1	1	26	»	33	827	251	10 —
2	»	»	»	1	2	1	»	»	»	»	»	»	» —
29	»	»	»	4	23	»	»	»	»	3	90	44	10,11 —
9	»	»	»	4	4	1	»	»	»	2	8	3	» —
33	»	»	»	7	18	»	»	»	»	23	328	54	11 —
13.404	3.391	52	4	1.805	5.897	439	244	1.519	46	5.839	111.707	23.077	

Tableau des Établissements industriels

ARRONDISSEMENTS	QUARTIERS	NOMBRE DES INDUSTRIELS				NOMBRE D'ENFANTS au-dessous de 12 ans.		NOMBRE D'ENFANTS de 12 à 15 ans.		NOMBRE D'ENFANTS de 15 à 16 ans.	
		n'occupant personne lors de la visite.	SOUMIS à la loi de 1874 seule.	SOUMIS aux lois de 1874 et 1848 réunies.	SOUMIS à la loi de 1848 seule.	GARÇONS	FILLES	GARÇONS	FILLES	GARÇONS	FILLES
Ier	1. Saint-Germain-l'Auxerrois.	6	17	1	»	»	»	»	11	»	15
	2. Halles	33	90	5	»	»	»	»	74	»	55
	3. Palais-Royal	50	149	4	»	»	»	»	92	»	64
	4. Place-Vendôme	48	120	1	»	»	»	»	105	»	68
IIe	5. Gaillon	64	172	49	1	»	»	4	180	2	112
	6. Vivienne	67	113	13	»	»	»	4	70	2	54
	7. Mail	95	116	22	6	»	»	8	82	7	52
	8. Bonne-Nouvelle	183	275	32	2	»	»	2	230	8	148
IIIe	9. Arts-et-Métiers	100	176	2	»	»	»	4	121	1	67
	10. Enfants-Rouges	61	100	»	»	»	»	1	68	»	36
	11. Archives	26	62	1	2	»	»	2	39	1	21
	12. Sainte-Avoie	54	145	1	»	»	»	8	90	4	56
IVe	13. Saint-Merri	44	88	2	»	»	»	4	65	3	43
	14. Saint-Gervais	43	64	1	»	»	»	2	65	2	41
	15. Arsenal	14	31	1	»	»	»	»	18	»	8
	16. Notre-Dame	9	14	1	»	»	»	»	31	»	16
Ve	17. Saint-Victor	40	52	»	»	»	»	»	48	»	30
	18. Jardin-des-Plantes	24	66	1	»	»	»	»	52	»	30
	19. Val-de-Grâce	46	71	2	»	»	»	»	84	»	48
	20. Sorbonne	33	46	»	»	»	»	»	44	»	25
VIe	21. Monnaie	46	41	»	»	»	»	»	27	»	17
	22. Odéon	24	69	»	»	»	»	»	22	»	11
	23. Notre-Dame-des-Champs	106	152	»	»	»	»	»	158	»	95
	24. Saint-Germain-des-Prés	28	37	»	»	»	»	»	18	»	14
VIIe	25. Saint-Thomas-d'Aquin	172	105	4	1	»	»	»	63	»	49
	26. Invalides	15	21	»	»	»	»	»	12	»	6
	27. Ecole-Militaire	25	20	»	»	»	»	»	24	»	9
	28. Gros-Caillou	49	35	4	1	»	»	»	101	»	51
VIIIe	29. Champs-Elysées	5	8	»	»	»	»	»	8	»	10
	30. Faubourg-du-Roule	32	48	»	»	»	»	»	28	»	23
	31. Madeleine	41	109	»	»	»	»	»	54	»	59
	32. Europe	45	75	»	»	»	»	»	42	»	34
IXe	33. Saint-Georges	97	160	1	»	»	»	»	96	»	46
	34. Chaussée-d'Antin	14	41	16	1	»	»	»	50	»	39
	35. Faubourg-Montmartre	102	217	»	»	»	»	2	103	»	60
	36. Rochechouart	213	197	1	»	»	»	»	100	2	44
Xe	37. Saint-Vincent-de-Paul	86	147	2	»	»	»	»	122	3	57
	38. Porte-Saint-Denis	222	245	5	»	»	»	7	167	4	73
	39. Porte-Saint-Martin	309	331	5	»	»	»	14	215	4	128
	40. Hôpital-Saint-Louis	199	153	3	1	»	»	8	106	4	60

visités par les Inspectrices.

LOI DU 19 MAI 1874.											LOI DU 9 SEPTEMBRE 1848.		
NOMBRE D'ENFANTS ayant le livret.		ENFANTS au-dessous de 12 ans allant à l'école.		NOMBRE D'ENFANTS de 12 à 13 ans.						NOMBRE DE FILLES MINEURES de 16 à 21 ans.	ADULTES		DURÉE MOYENNE du TRAVAIL
				GARÇONS			FILLES						
GARÇONS	FILLES	GARÇONS	FILLES	ayant le certificat d'études. (Loi de 1882).	ayant le certificat d'instruction.	allant à l'école.	ayant le certificat d'études. (Loi de 1882).	ayant le certificat d'instruction.	allant à l'école.		HOMMES	FEMMES	
»	11	»	»	»	»	»	3	5	»	31	»	»	10, 11 heures.
»	90	»	»	»	»	»	25	20	»	146	8	164	» —
»	102	»	»	»	»	»	18	25	»	358	19	111	» —
»	131	»	»	»	»	»	28	17	21	317	20	28	» —
2	201	»	»	»	»	»	45	62	»	542	26	1.871	10 —
4	74	»	»	2	1	»	20	16	»	216	20	272	» —
8	96	»	»	1	3	»	20	28	»	268	37	832	» —
10	250	»	»	»	3	»	37	68	»	438	159	969	» —
5	135	»	»	2	2	»	26	43	»	288	5	19	10, 10 1/2 —
»	65	»	»	»	»	1	18	20	2	118	»	»	» —
1	42	»	»	»	»	1	9	12	2	43	26	75	10, 11 —
8	87	»	»	»	5	»	1	46	4	151	6	12	» —
5	71	»	»	1	»	»	2	29	»	114	12	49	7, 11 —
4	68	»	»	»	1	»	13	23	»	102	»	1	9 —
»	16	»	»	»	»	»	7	4	»	31	11	30	11 —
»	43	»	»	»	»	»	4	3	22	54	»	19	7 —
»	39	»	»	»	»	»	10	6	2	58	»	»	10, 11 —
»	37	»	»	»	»	»	3	7	10	70	10	24	» —
»	91	»	»	»	»	»	10	16	25	107	11	45	» —
»	55	»	»	»	»	»	14	7	5	59	»	»	» —
»	30	»	»	»	»	»	7	9	8	54	»	»	11 —
»	23	»	»	»	»	»	8	5	»	71	»	»	»
»	196	»	»	»	»	»	34	21	71	269	»	»	10 —
»	31	»	»	»	»	»	6	5	»	95	»	»	»
»	76	»	»	»	»	»	10	20	22	536	5	195	10 —
»	13	»	»	»	»	»	3	2	»	30	»	»	» —
»	26	»	»	»	»	»	2	1	23	56	»	»	» —
»	106	»	»	»	»	»	4	3	149	109	12	222	» —
»	12	»	»	»	»	»	6	3	»	41	»	18	10 à 12 —
»	35	»	»	»	»	»	7	19	»	145	»	225	»
»	73	»	»	»	»	»	31	20	»	276	»	455	»
»	43	»	»	»	»	»	18	18	36	166	»	184	»
»	88	»	»	»	»	»	10	26	»	175	»	43	10 —
»	66	»	»	»	»	»	14	18	»	224	»	727	» —
1	125	»	»	»	1	»	30	38	»	334	»	»	—
2	119	»	»	»	»	»	25	54	»	177	1	2	9 —
3	109	»	»	»	»	»	1	54	12	195	2	61	10 à 11 —
10	215	»	»	2	4	»	54	87	8	281	4	172	10 —
15	247	»	»	1	8	»	41	87	»	328	9	107	8 à 10 —
9	131	»	»	»	3	»	29	42	»	156	20	97	9 à 11 —

Tableau des Établissements industriels

ARRONDISSEMENTS	QUARTIERS	NOMBRE DES INDUSTRIELS n'occupant personne lors de la visite.	NOMBRE DES INDUSTRIELS soumis à la loi de 1874 seule.	NOMBRE DES INDUSTRIELS soumis aux lois de 1874 et 1848 réunies.	NOMBRE DES INDUSTRIELS soumis à la loi de 1848 seule.	NOMBRE D'ENFANTS au-dessous de 12 ans. GARÇONS	NOMBRE D'ENFANTS au-dessous de 12 ans. FILLES	NOMBRE D'ENFANTS de 12 à 15 ans. GARÇONS	NOMBRE D'ENFANTS de 12 à 15 ans. FILLES	NOMBRE D'ENFANTS de 15 à 16 ans. GARÇONS	NOMBRE D'ENFANTS de 15 à 16 ans. FILLES
XIe	41. Folie-Méricourt	136	362	2	»	»	»	»	201	»	65
	42. Saint-Ambroise	89	142	»	»	»	»	4	145	1	82
	43. Roquette	171	412	2	»	»	»	»	227	»	103
	44. Sainte-Marguerite	76	177	6	1	»	»	2	145	1	43
XIIe	45. Bel-Air	12	36	2	»	»	»	»	24	»	13
	46. Picpus	63	131	6	»	»	»	1	254	»	99
	47. Bercy	6	23	»	»	»	»	»	10	»	5
	48. Quinze-Vingts	52	163	1	»	»	»	»	110	»	38
XIIIe	49. Salpêtrière	9	29	»	»	»	»	»	56	»	34
	50. Gare	16	42	»	»	»	»	»	68	»	40
	51. Maison-Blanche	40	56	4	»	»	»	»	73	»	26
	52. Croulebarbe	8	19	»	»	»	»	»	30	»	9
XIVe	53. Montparnasse	50	35	»	»	»	»	»	16	»	15
	54. Santé	11	6	1	»	»	»	»	4	»	12
	55. Petit-Montrouge	40	73	1	»	»	»	»	87	»	40
	56. Plaisance	63	70	1	»	»	»	»	60	»	31
XVe	57. Saint-Lambert	62	42	»	»	»	»	»	67	»	22
	58. Necker	30	39	»	»	»	»	»	20	»	13
	59. Grenelle	36	37	»	»	»	»	»	38	»	14
	60. Javel	23	21	»	»	»	»	»	14	»	7
XVIe	61. Auteuil	9	22	»	»	»	»	»	18	»	8
	62. Muette	23	28	»	»	»	»	»	19	»	14
	63. Porte-Dauphine	10	13	»	»	»	»	»	19	»	9
	64. Bassins	17	43	»	»	»	»	»	27	»	8
XVIIe	65. Ternes	86	75	»	»	»	»	»	48	»	22
	66. Plaine-Monceaux	33	31	»	»	»	»	»	18	»	15
	67. Batignolles	129	114	»	»	»	»	»	74	»	44
	68. Epinettes	44	32	»	»	»	»	»	17	»	6
XVIIIe	69. Grandes-Carrières	40	46	»	»	»	»	2	44	»	6
	70. Clignancourt	89	110	1	»	»	»	»	101	»	40
	71. Goutte-d'Or	28	34	»	»	»	»	»	31	»	14
	72. La Chapelle	7	24	»	»	»	»	»	36	»	12
XIXe	73. La Villette	37	55	2	1	»	»	»	73	»	28
	74. Pont-de-Flandre	6	5	»	»	»	»	»	7	»	3
	75. Amérique	16	28	»	»	»	»	»	26	»	14
	76. Combat	39	58	1	»	»	»	1	79	1	33
XXe	77. Belleville	193	158	3	»	»	»	7	137	1	50
	78. Saint-Fargeau	20	31	2	»	»	»	1	16	»	9
	79. Père-Lachaise	61	143	12	»	»	»	7	118	1	40
	80. Charonne	44	90	9	»	»	»	»	84	»	31

visités par les Inspectrices *(Suite)*.

LOI DU 19 MAI 1874.											LOI DU 9 SEPTEMBRE 1848.		
NOMBRE D'ENFANTS ayant le livret.		ENFANTS au-dessous de 12 ans allant à l'école.		NOMBRE D'ENFANTS de 12 à 15 ans.						NOMBRE DE FILLES MINEURES de 16 à 21 ans.	ADULTES		DURÉE MOYENNE du TRAVAIL
				GARÇONS			FILLES						
GARÇONS	FILLES	GARÇONS	FILLES	ayant le certificat d'études (Loi de 1882).	ayant le certificat d'instruction	allant à l'école.	ayant le certificat d'études (Loi de 1882).	ayant le certificat d'instruction	allant à l'école.		HOMMES	FEMMES	
»	227	»	»	»	»	»	43	98	15	387	»	57	11 heures.
3	162	»	»	»	2	»	31	36	7	224	11	133	7 à 12
»	304	»	»	»	»	»	35	170	4	422	2	72	11 —
2	125	»	»	»	1	»	28	51	2	246	24	100	9 à 11 —
»	19	»	»	»	»	»	2	8	5	72	»	11	5 à 12 —
»	309	»	»	»	»	»	184	33	108	240	15	53	6 à 12 —
»	7	»	»	»	»	»	3	2	»	32	»	»	12 —
»	86	»	»	»	»	»	33	36	»	154	3	29	12 —
»	38	»	»	»	»	»	2	5	4	59	»	»	»
»	74	»	»	»	»	»	10	10	6	112	»	»	»
»	50	»	»	»	»	»	10	19	»	108	2	26	»
»	31	»	»	»	»	»	»	6	13	26	»	»	»
»	18	»	»	»	»	»	2	5	»	42	»	»	10 —
»	13	»	»	»	»	»	2	1	»	26	1	35	» —
»	76	»	»	»	»	»	14	28	9	110	»	29	» —
»	67	»	»	»	»	»	7	19	16	118	3	24	» —
»	77	»	»	»	»	»	6	11	53	89	»	»	10 —
»	18	»	»	»	»	»	5	7	9	40	»	»	» —
»	34	»	»	»	»	»	2	19	»	36	»	»	» —
»	15	»	»	»	»	»	1	5	»	10	»	»	11 —
»	19	»	»	»	»	»	4	6	»	33	»	»	10 à 12 —
»	28	»	»	»	»	»	9	4	»	40	»	»	» —
»	3	»	»	»	»	»	1	2	30	31	»	»	» —
»	25	»	»	»	»	»	2	14	»	73	»	10	» —
»	54	»	»	»	»	»	4	27	9	105	»	68	10 à 12 —
»	24	»	»	»	»	»	2	13	»	44	»	25	» —
»	90	»	»	»	»	»	24	31	42	124	»	»	» —
»	16	»	»	»	»	»	1	13	»	22	»	18	» —
»	33	»	»	»	»	»	1	27	»	80	»	»	10 à 11 —
»	71	»	»	»	»	»	2	49	1	126	2	24	» —
»	18	»	»	»	»	»	»	8	»	20	»	»	» —
»	17	»	»	»	»	»	8	5	»	47	»	»	» —
»	71	»	»	»	»	»	6	30	1	59	23	162	10 à 11 —
»	4	»	»	»	»	»	»	1	»	5	»	»	» —
»	23	»	»	»	»	»	2	6	1	21	»	»	» —
1	69	»	»	»	»	»	»	42	1	94	»	5	» —
5	134	»	»	1	2	»	35	42	6	154	25	95	11 à 12 —
1	18	»	»	»	1	»	4	6	»	57	»	27	10 —
5	85	»	»	1	»	1	23	24	»	239	35	166	9 à 11 —
»	83	»	»	»	»	»	20	30	»	120	37	173	9 à 11 —

Tableau des Établissements industriels

CANTONS	COMMUNES	NOMBRE DES INDUSTRIELS : n'occupant personne lors de la visite.	NOMBRE DES INDUSTRIELS : SOUMIS à la loi de 1874 seule.	NOMBRE DES INDUSTRIELS : SOUMIS aux lois de 1874 et 1848 réunies.	NOMBRE DES INDUSTRIELS : SOUMIS à la loi de 1848 seule.	NOMBRE D'ENFANTS au-dessous de 12 ans. GARÇONS	NOMBRE D'ENFANTS au-dessous de 12 ans. FILLES	NOMBRE D'ENFANTS de 12 à 15 ans. GARÇONS	NOMBRE D'ENFANTS de 12 à 15 ans. FILLES	NOMBRE D'ENFANTS de 15 à 16 ans. GARÇONS	NOMBRE D'ENFANTS de 15 à 16 ans. FILLES
SAINT-DENIS	Aubervilliers	20	39	»	»	»	»	»	21	»	14
	Dugny	2	8	»	»	»	»	»	2	»	3
	Épinay	4	14	»	»	»	»	»	11	»	3
	Pierrefitte	1	5	»	»	»	»	»	3	»	1
	Saint-Denis	29	99	21	16	»	»	»	102	»	60
	Saint-Ouen	10	23	»	»	»	»	»	14	»	1
	Stains	1	8	»	»	»	»	»	6	»	1
	Villetaneuse	1	2	»	»	»	»	»	»	»	»
PANTIN	Bagnolet	3	7	»	»	»	»	»	6	»	2
	Bondy	5	13	»	»	»	»	»	6	»	3
	Drancy	»	1	»	»	»	»	»	6	»	5
	Le Bourget	6	8	»	»	»	»	»	»	»	»
	Le Pré-Saint-Gervais	9	20	»	»	»	»	»	11	»	5
	Les Lilas	6	14	»	»	»	»	»	3	»	3
	Noisy-le-Sec	9	20	»	»	»	»	»	11	»	3
	Pantin	12	47	2	»	»	»	»	27	»	23
	Romainville	5	7	»	»	»	»	»	2	»	»
COURBEVOIE	Courbevoie	48	75	5	1	»	»	»	41	2	26
	Puteaux	22	54	11	1	»	»	»	41	1	20
	Asnières	44	65	1	1	»	»	»	38	»	23
	Suresnes	18	37	5	2	»	»	»	25	»	18
	Nanterre	7	21	»	»	»	»	»	16	»	6
	Colombes	14	14	»	»	»	»	»	6	1	3
	Bois-Colombes	10	12	»	»	»	»	»	5	»	2
	Gennevilliers	6	10	1	»	»	»	»	2	»	4
NEUILLY	Neuilly	56	87	8	»	»	»	»	140	»	74
	Boulogne	74	138	132	159	»	»	4	99	5	59
	Clichy	45	95	11	24	»	»	»	46	»	22
	Levallois-Perret	60	159	2	1	»	»	»	80	»	38
CHARENTON	Alfortville	8	31	»	»	»	»	2	25	»	9
	Bonneuil	»	»	»	»	»	»	»	»	»	»
	Bry-sur-Marne	3	3	»	»	»	»	»	»	»	»
	Champigny	6	20	1	»	»	»	»	25	»	7
	Charenton	19	51	»	»	»	»	»	61	»	43
	Joinville-le-Pont	9	13	»	»	»	»	»	6	»	5
	Créteil	6	16	»	»	»	»	»	13	»	6
	Maisons-Alfort	12	15	»	»	»	»	»	14	1	12
	Nogent-sur-Marne	20	32	1	»	»	»	»	27	»	15
	Le Perreux	13	17	»	»	»	»	»	14	»	11
	Saint-Maur	35	67	1	»	»	»	2	36	»	19
	Saint-Maurice	5	17	»	»	»	»	»	13	»	9

visités par les Inspectrices *(Suite)*.

LOI DU 19 MAI 1874.													LOI DU 9 SEPTEMBRE 1848.		
NOMBRE D'ENFANTS ayant le livret.		ENFANTS au-dessous de 12 ans allant à l'école.		NOMBRE D'ENFANTS de 12 à 15 ans.						NOMBRE DE FILLES MINEURES de 16 à 21 ans.	ADULTES		DURÉE MOYENNE du TRAVAIL
				GARÇONS			FILLES						
GARÇONS	FILLES	GARÇONS	FILLES	ayant le certificat d'études (Loi de 1882).	ayant le certificat d'instruction.	allant à l'école.	ayant le certificat d'études (Loi de 1882).	ayant le certificat d'instruction.	allant à l'école.		HOMMES	FEMMES	
»	20	»	»	»	»	»	5	13	»	14	»	»	9 à 11 heures.
»	4	»	»	»	»	»	»	2	»	11	»	»	»
»	10	»	»	»	»	»	4	5	»	5	»	»	»
»	4	»	»	»	»	»	»	3	»	1	»	»	»
»	137	»	»	»	»	»	19	71	»	136	15	231	»
»	12	»	»	»	»	»	6	5	»	17	»	»	»
»	5	»	»	»	»	»	2	2	»	3	»	»	»
»	»	»	»	»	»	»	»	»	»	1	»	»	»
»	7	»	»	»	»	»	1	5	»	1	»	»	9 à 11 heures.
»	7	»	»	»	»	»	1	4	»	10	»	»	»
»	5	»	»	»	»	»	2	»	»	27	»	»	»
»	»	»	»	»	»	»	»	»	»	3	»	»	»
»	12	»	»	»	»	»	3	7	»	12	»	»	»
»	6	»	»	»	»	»	»	2	»	7	»	»	»
»	7	»	»	»	»	»	4	2	»	7	»	»	»
»	37	»	»	»	»	»	6	12	»	56	31	65	»
»	2	»	»	»	»	»	1	1	»	»	»	»	»
»	45	»	»	»	»	»	1	28	»	83	8	75	11 heures.
1	42	»	»	»	»	»	2	25	»	95	30	179	» —
»	47	»	»	»	»	»	6	26	»	56	1	26	» —
»	27	»	»	»	»	»	6	14	»	60	12	100	» —
»	14	»	»	»	»	»	2	8	»	16	»	»	» —
1	7	»	»	»	»	»	»	4	»	17	»	»	» —
»	6	»	»	»	»	»	2	2	»	16	»	»	» —
»	5	»	»	»	»	»	»	2	»	14	2	7	» —
»	196	»	»	»	»	»	24	48	36	203	25	221	10 à 11 heures.
5	104	»	»	»	4	»	19	33	»	240	682	1.936	» —
»	59	»	»	»	»	»	»	28	»	44	31	230	9 à 11 —
»	91	»	»	»	»	»	7	50	»	81	12	23	» —
»	24	»	»	»	»	»	1	14	»	24	»	»	10 heures.
»	»	»	»	»	»	»	»	»	»	6	»	»	» —
»	»	»	»	»	»	»	»	»	»	»	»	»	» —
»	20	»	»	»	»	»	6	11	7	29	»	»	» —
»	56	»	»	»	»	»	13	21	14	93	»	»	» —
»	10	»	»	»	»	»	2	2	»	12	»	»	» —
»	11	»	»	»	»	»	6	2	»	8	»	»	» —
1	13	»	»	»	»	»	2	9	»	17	»	»	» —
»	28	»	»	»	»	»	5	9	»	42	»	»	» —
»	15	»	»	»	»	»	1	8	»	19	»	»	» —
2	36	»	»	»	2	»	5	14	»	90	»	»	» —
»	12	»	»	»	»	»	4	4	»	23	»	»	» —

Tableau des Établissements industriels

CANTONS	COMMUNES	NOMBRE DES INDUSTRIELS n'occupant personne lors de la visite.	SOUMIS à la loi de 1874 seule.	SOUMIS aux lois de 1874 et 1848 réunies.	SOUMIS à la loi de 1848 seule.	NOMBRE D'ENFANTS au-dessous de 12 ans. GARÇONS	NOMBRE D'ENFANTS au-dessous de 12 ans. FILLES	NOMBRE D'ENFANTS de 12 à 15 ans. GARÇONS	NOMBRE D'ENFANTS de 12 à 15 ans. FILLES	NOMBRE D'ENFANTS de 15 à 16 ans. GARÇONS	NOMBRE D'ENFANTS de 15 à 16 ans. FILLES
SCEAUX	Fontenay-aux-Roses	7	12	1	»	»	»	»	12	1	7
	Plessis-Piquet	1	1	»	»	»	»	»	»	»	1
	Sceaux	5	9	»	»	»	»	»	10	»	14
	Châtillon	5	5	»	»	»	»	»	3	»	4
	Antony	6	10	»	»	»	»	»	15	»	6
	Bourg-la-Reine	11	10	»	»	»	»	»	8	»	6
	Bagneux	1	7	»	»	»	»	»	7	»	4
	Châtenay	1	6	2	»	»	»	»	32	»	20
	Issy	12	25	2	»	»	»	»	20	»	9
	Malakoff	8	16	2	»	»	»	1	19	1	5
	Clamart	11	38	4	»	»	»	1	40	»	21
	Vanves	41	45	7	12	»	»	»	16	»	18
	Montrouge	20	26	1	1	»	»	12	28	»	14
VILLEJUIF	Villejuif	4	9	»	»	»	»	»	11	1	5
	Gentilly	43	43	»	»	»	»	»	23	»	22
	Vitry	7	15	»	»	»	»	»	67	»	32
	Ivry	27	35	»	»	»	»	»	63	»	35
	Thiais	3	5	»	»	»	»	»	1	»	7
	Orly	2	5	»	»	»	»	»	»	»	1
	Choisy-le-Roi	16	26	»	»	»	»	»	28	»	16
	Fresnes	1	2	»	»	»	»	»	5	»	3
	Chevilly	»	1	»	»	»	»	»	1	»	»
	Arcueil	59	83	1	»	»	»	»	63	»	26
VINCENNES	Fontenay-sous-Bois	9	18	»	»	»	»	»	13	»	6
	Montreuil-sous-Bois	46	52	1	»	»	»	1	99	1	44
	Rosny-sous-Bois	4	4	»	»	»	»	»	3	»	7
	Saint-Mandé	14	26	»	»	»	»	»	20	»	6
	Villemomble	6	9	»	»	»	»	»	9	»	4
	Vincennes	44	86	»	»	»	»	»	62	»	39
	TOTAL	5.871	9.246	467	235	»	12	106	7.411	66	3.931

visités par les Inspectrices (*Suite*).

LOI DU 19 MAI 1874.													LOI DU 9 SEPTEMBRE 1848.		
NOMBRE D'ENFANTS ayant le livret.		ENFANTS au-dessous de 12 ans allant à l'école.		NOMBRE D'ENFANTS de 12 à 15 ans.						NOMBRE DE FILLES MINEURES de 18 à 21 ans.	ADULTES		DURÉE MOYENNE du TRAVAIL
				GARÇONS			FILLES						
GARÇONS	FILLES	GARÇONS	FILLES	ayant le certificat d'études (Loi de 1882).	ayant le certificat d'instruction	allant à l'école.	ayant le certificat d'études (Loi de 1882).	ayant le certificat d'instruction.	allant à l'école.		HOMMES	FEMMES	
»	14	»	»	»	»	»	1	4	»	8	»	2	10 à 11 heures.
»	»	»	»	»	»	»	»	»	»	»	»	»	» —
»	19	»	»	»	»	»	2	6	»	18	»	»	» —
»	4	»	»	»	»	»	»	»	»	32	»	»	» —
»	17	»	»	»	»	»	»	10	»	17	»	»	» —
»	11	»	»	»	»	»	1	3	»	12	»	»	» —
»	10	»	»	»	»	»	1	5	»	2	»	»	» —
»	20	»	»	»	»	»	»	2	»	40	»	48	» —
»	16	»	»	»	»	»	»	11	»	22	9	81	» —
2	14	»	»	»	»	»	2	9	»	17	5	41	» —
»	45	»	»	»	»	»	»	35	»	65	5	47	» —
»	24	»	»	»	»	»	»	13	»	56	31	238	» —
»	34	»	»	»	»	»	3	11	»	30	16	44	» —
1	8	»	»	»	»	»	4	1	»	14	»	»	10 à 11 heures.
»	19	»	»	»	»	»	»	8	»	46	»	»	» —
»	80	»	»	»	»	»	4	50	»	48	»	»	» —
»	43	»	»	»	»	»	»	6	19	62	»	»	» —
»	6	»	»	»	»	»	»	1	»	4	»	»	» —
»	»	»	»	»	»	»	»	»	»	3	»	»	» —
»	31	»	»	»	»	»	9	6	»	40	»	»	» —
»	4	»	»	»	»	»	»	1	»	11	»	»	» —
»	»	»	»	»	»	»	»	1	»	6	»	»	» —
»	50	»	»	»	»	»	4	12	9	119	2	4	» —
»	11	»	»	»	»	»	4	4	»	16	»	»	10 heures.
2	125	»	»	»	1	»	22	53	»	73	3	3	» —
»	7	»	»	»	»	»	»	2	»	1	»	»	» —
»	14	»	»	»	»	»	7	5	6	59	»	»	» —
»	12	»	»	»	»	»	2	5	»	9	»	»	» —
»	76	»	»	»	»	»	12	30	»	74	»	»	» —
119	7.969	»	»	11	44	3	1.467	2.730	825	13.779	1.535	11.972	

Le nombre de visites effectuées, en 1892, par le Service de l'Inspection s'est élevé à 44.493. — Il ne nous a pas été possible d'insérer le tableau de cette année, à la suite de celui de 1891.

Statistique professionnelle. — Le Conseil général a transmis à l'Administration le vœu présenté par la *Société pour la propagation de l'instruction intégrale*, tendant à établir la statistique, par professions, du nombre d'enfants employés dans l'industrie, afin de fournir les éléments nécessaires pour la détermination des besoins professionnels et techniques des adolescents de 13 à 21 ans. La Préfecture de Police, pour répondre au vœu qui lui était adressé, s'est chargée de ce long travail, et elle a pu le mener à bonne fin, grâce aux renseignements de statistique qu'elle possédait, sur des fiches spéciales tenues continuellement à jour et dont les éléments ont été fournis, chaque mois, par les inspecteurs et les inspectrices.

Le Conseil général, mis en possession de ces tableaux, a pensé qu'ils pourraient être d'une grande utilité et en a voté l'impression (1).

Le nombre des professions ou industries relevées sur les fiches s'élevait à 550 environ. Ce nombre a dû être réduit. On s'est borné à une nomenclature de 130 industries principales comprenant chacune d'elles un certain nombre de branches d'industries.

Le relevé statistique a été fait séparément pour la ville de Paris et pour la banlieue de Paris. Les industries sont classées par ordre alphabétique, et chacune d'elles comporte une feuille spéciale sur laquelle on a mentionné, par quartier et par arrondissement (pour Paris), par commune, par canton et par arrondissement (pour la banlieue):

1° — Le nombre d'ateliers occupant (visites effectives) ou n'occupant aucun enfant ou adulte (visites blanches).

---

(1) L'école municipale Estienne, dite « du Livre », a été chargée de l'exécution de ce travail. Il sera terminé au mois de juillet 1893.

2° — Le nombre d'enfants (garçons ou filles) âgés de 10 à 12 ans, de 12 à 15 et de 15 à 16 ans ;

3° — Le nombre de filles mineures âgées de 16 à 21 ans;

Et 4° — Le nombre d'ouvriers adultes (hommes ou femmes) rencontrés dans les visites effectuées, par l'Inspection, de juillet 1890 au 1er juillet 1891.

La classification par âge, de tous les enfants et les filles mineures employés dans l'industrie, s'imposait. La loi du 19 mai 1874 détermine, en effet, quatre périodes :

1° — Enfants âgés de 10 à 12 ans, pouvant être occupés dans un certain nombre d'industries spéciales mentionnées aux décrets des 27 mars 1875 et 1er mars 1877 ;

2° — Enfants de 12 à 15 ans. Ils se répartissent en deux catégories :

(A) Ceux munis du certificat d'instruction primaire élémentaire et autorisés alors à travailler douze heures par jour divisées par des repos ;

(B) Ceux qui n'ont pas ce certificat et ne peuvent, de ce fait, travailler plus de six heures par jour. Ces derniers, toutefois, peuvent être admis à travailler pendant dix heures s'ils justifient qu'ils suivent régulièrement pendant deux heures par jour les cours d'une école.

3° — Mineurs de 15 à 16 ans.

Et 4° — Filles mineures de 16 à 21 ans.

Comme on le sait, le travail de nuit est interdit aux enfants âgés de moins de 16 ans révolus, et la même interdiction est appliquée à l'emploi des filles mineures de 16 à 21 ans, mais seulement dans les usines et manufactures (1).

D'autre part, le travail, les dimanches ou jours de fêtes reconnues par la loi, est interdit à tout enfant ou fille mineure.

---

(1) Ateliers employant plus de 20 ouvriers, ou bien possédant un moteur mécanique.

Les enfants ou filles mineures rencontrés lors des visites de l'Inspection (de juillet 1890 à juillet 1891) se répartissent ainsi qu'il suit :

Garçons âgés de 10 à 16 ans	Paris...	12.990	16.648	16.648
	Banlieue.	3.658		
Filles âgées de 10 à 16 ans.	Paris...	10.879	14.482	34.618
	Banlieue.	3.603		
Filles mineures de 16 à 21 ans.	Paris...	15.744	20.136	
	Banlieue.	4.392		
Total des enfants et filles mineures.....				51.266

Comme il est dit plus haut, on distingue deux sortes de visites :

1° — Lorsqu'il n'est rencontré dans l'atelier visité aucun enfant ou fille mineure, ni aucun adulte, la visite est dite *blanche :* la nécessité de visiter ces ateliers est évidente, car ils sont susceptibles d'employer, un jour ou l'autre, et suivant les besoins, des enfants que le Service de l'Inspection doit protéger.

2° — On appelle visites *effectives*, celles qui sont faites dans les ateliers où la présence des enfants, filles mineures ou adultes, est constatée.

S'il était intéressant de connaître le nombre de professions ou d'industries visitées par le Service d'Inspection, il ne l'était pas moins de tenir compte du genre de visite ; sinon on eût pu croire que chaque atelier visité employait des enfants, des filles mineures et des adultes.

Grâce à la dictinction établie entre les visites dites *blanches* et celles dites *effectives*, on peut voir que les ateliers où il n'a été rencontré que des garçons de 16 ans et des filles mineures, s'élèvent, pour le département de la Seine, au chiffre de 11.274 sur un total général de 30.746 ateliers visités.

Il s'ensuit que les 51.266 enfants et filles mineures âgés de

10 à 21 ans et dont on vient de parler, étaient occupés dans 19.472 ateliers seulement.

Bien certainement, il existe dans le département de la Seine un plus grand nombre d'ateliers susceptibles d'employer ou employant des enfants.

Les efforts du Service de l'Inspection, dont le personnel est actuellement composé de 15 inspecteurs et de 15 inspectrices, tendent à en découvrir, chaque jour, de nouveaux; mais ce personnel éprouve déjà quelque difficulté à visiter, une seule fois par an, les 30.746 ateliers qu'il y aurait le plus grand intérêt à inspecter au moins deux fois chaque année.

SECTION VII

Commissions locales (article 20).

Bien que des démissions motivées par la crainte de la suppression prochaine des Commissions locales se soient produites en 1891, le nombre des membres de ces Commissions, par suite de la nomination de quelques-uns d'entre eux par le Conseil général, s'élevait, à la fin de l'exercice 1892, à 332.

Nous croyons inutile de mentionner ici toutes les protestations formulées, dans leurs rapports annuels, par les Commissions locales au sujet de la mesure radicale projetée par la Chambre et le Sénat : *leur suppression*. Le rapport de la Commission départementale supérieure pour 1890 reproduisait déjà les doléances exprimées par les Commissions locales.

Dans sa séance du mois de février 1891, la Commission départementale supérieure, sur la proposition de M. Charles Péan, émettait le vœu suivant : « Que les Commissions locales du département de la Seine soient maintenues par la nouvelle loi sur le travail dans l'industrie, en raison du dévouement dont elles ont toujours fait preuve, et de l'utilité de leur rôle. »

D'autre part la 12e Commission locale (Hommes) terminait ainsi son dernier rapport : « Tout au plus, les Commissions locales peuvent-elles prendre acte de la sollicitude permanente que leur a témoignée le Conseil général de la Seine, et regretter que le Parlement ait cru devoir abolir d'un trait de plume une institution conforme à l'esprit démocratique de l'organisation républicaine, institution perfectible, à coup sûr, comme tout ce qui est humain, mais qui méritait mieux que la mort sans phrases. »

Le Conseil général s'était déjà plusieurs fois ému de la situation qui allait être faite aux Commissions locales. Voici, du reste, les observations qui furent présentées à ce sujet, par MM. Vaillant et Bompard, conseillers généraux, dans la séance du 22 décembre 1891 :

M. Vaillant. — « Il est regrettable qu'il ne se soit pas trouvé un seul député, à la Chambre, pour défendre nos desiderata, et j'espère que le défenseur qui nous a manqué à la Chambre, nous le trouverons au Sénat. »

M. Bompard. — « Je puis dire à M. Vaillant que le vœu relatif aux Commissions locales a été transmis, sinon à la Chambre, du moins au rapporteur parlementaire de la question, l'honorable M. Jamais, et voici dans quelles circonstances. L'Assemblée des Commissions locales a désigné une Commission, que j'ai l'honneur de présider, et qui a envoyé une délégation auprès du rapporteur de la Chambre pour lui demander de défendre l'institution des Commissions locales, mais, dans l'entretien que nous eûmes avec M. Jamais, l'honorable rapporteur nous déclara que la Commission parlementaire, pour ne pas prolonger les lenteurs de l'élaboration d'une loi si désirable, avait été unanime à accepter tel quel le projet du Sénat. Il ajouta que la Commission ne tenterait un effort que sur l'article relatif au travail des femmes, cet article ayant été adopté par la Chambre à une énorme majorité, et n'ayant été repoussé par le Sénat qu'à dix voix, le Gouvernement n'était pas intervenu. Ceux d'entre vous, Messieurs, qui ont suivi la discussion à la Chambre ont vu que la préoccupation principale était en effet d'en finir, car presque toutes les modifications proposées furent rejetées de parti-pris. Ce désir était si vif que la Commission de la Chambre accepta, bien qu'elle y fût hostile, l'institution des Comités de patronage inscrite par le Sénat à l'article 25 du projet. Enfin, nous avons demandé que les membres des Comités de patronage eussent le droit d'entrer dans les ateliers, droit que les membres des Commissions locales possédaient en vertu de la loi de 1874. Mais sur ce point encore, nous n'avons pu obtenir satisfaction. Tels sont les renseignements que je tenais à donner au Conseil général et qui lui prouvent que tous les efforts possibles ont été tentés pour sauver les Commissions locales d'une injuste suppression par mesure législative. »

Dans la séance du 14 janvier 1892, tenue par la Commission départementale supérieure, l'observation suivante a été faite par M. Vaillant : « J'ai suivi avec intérêt la dernière discussion relativement au nouveau projet de loi du travail dans l'industrie, et je regrette qu'il n'ait pas été donné suite par les Chambres au vœu du Conseil général de la Seine, tendant au maintien des Commissions locales. Ce vœu restera comme une protestation. »

M. Berthaut protesta, également dans cette séance, contre la suppression des Commissions locales.

Des médailles ont été, comme chaque année, accordées en 1891 aux membres des Commissions locales qui ont été signalés par le zèle apporté dans leur mission depuis plus de cinq ans :

MM.			
VICAT	Membre	de la 1re	Comsion.
GIRAUDON	Id.	de la 2e	—
VANDERHAEGHE	Secrétaire	de la 3e	—
DUMONCHEL	Président	de la 6e	—
BRUNSWIG	Membre	de la 7e	—
MANSUY	Id.	de la 8e	—
Dr MARTIN	Président	de la 11e	—
CARTIER	Membre	de la 11e	—
KŒCHLIN	Id.	de la 12e	—
FUNCK-BRENTANO	Président	de la 13e	—
COQUEREL	Membre	de la 14e	—
LEMEUNIER	Id.	de la 16e	—

MM.			
BORDAS	Membre	de la 17e	Comsion.
FABRE	Id.	de la 17e	—
HENRIET	Id.	de la 21e	—
MARTIN	Id.	de la 22e	—
UNGER	Id.	de la 23e	—
HANOTAUX (Karl)	Secrétaire	de la 26e *bis*	—
Dr HÉNOCQUE	Membre	de la 27e	—
GASPAIS	Id.	de la 28e *bis*	—
LEBÈGUE	Id.	de la 30e	—
HUE	Id.	de la 31e	—
DURAND-ROCHE	Id.	de la 38e	—

Mmes			
Meyer.........	Présidente de la	4e	Comsion.
Veil..........	Secrétaire de la	4e	—
Mailfert.......	Membre de la	5e	—
Caron..........	Id. de la	10e	—
Pompon.........	Secrétaire de la	11e	—
Moniod.........	Membre de la	11e	—
Cucheval-Prétet	Id. de la	16e	—
Morisot........	Id. de la	16e	—
Millaud........	Id. de la	22e	—

Mmes			
Dlle Ranvaud ...	Membre de la	25e	Comsion.
Isabey.........	Id. de la	26e	—
Foulquier de la Marnière.....	Id. de la	26e *bis*	—
Angeli.........	Id. de la	27e	—
Mauroy.........	Présidente de la	32e	—
Dlle Mercier....	Secrétaire de la	33e	—
Muller	Id. de la	35e	—(1)

Des Comités de patronage.

Comme l'a dit M. Bompard, la loi de 1892, en supprimant par son article 25 les Commissions locales, a institué des Comités de patronage ayant pour objet la protection des apprentis et des enfants employés dans l'industrie et le développement de leur instruction professionnelle.

Plusieurs Commissions locales n'ont pas attendu que la loi instituât ces Comités pour en créer dans leurs circonscriptions. Déjà, plusieurs de ces Comités fonctionnent très bien et reçoivent du Conseil général des subventions : nous citerons ceux des 1er, 3e, 9e, 12e, 17e et 18e arrondissements.

L'Administration, dès le mois de février 1891, appelait sur la création de ces Comités, l'attention des membres des Commissions locales. Des projets furent élaborés : nous pouvons signaler celui présenté par la 17e Commission (Dames).

(1) En 1892, des médailles ont été accordées aux membres des Commissions dont les noms suivent :
MM. Moutier, membre de la 1re Commission. — Deilles, membre de la 7e Commission. — Sculfort, membre de la 8e Commission. — Couanon, Vincent et Verwaest, membres de la 11e Commission. — Dussaud, membre de la 12e Commission. — Mongrolle, membre de la 16e Commission. — Hattat, membre de la 17e Commission. — Méritet, Schmitt, membres de la 21e Commission. — Leclerc, membre de la 26e *bis* Commission. — Angeli, membre de la 27e Commission. — Bainier, membre de la 30e Commission. — Villeneuve, président, et Bouinais, secrétaire de la 32e Commission. — Mainguet, membre de la 38e Commission.
Mmes Kauffmann, présidente de la 11e Commission. — Caret, membre de la 16e Commission. — Mlle Dambreville, membre de la 21e Commission. — Mlle Ranvaud et Mme Garen, membres de la 25e Commission.

La 13e Commission locale (Hommes), par la voix de son président, M. Th. Funck-Brentano, adressa le 9 septembre 1891, à l'Administration, un rapport très complet sur la transformation des Commissions locales en Comités de patronage, rapport qui ne demande pas à être résumé et qui, du reste, a été adressé à tous les présidents des Commissions locales.

Au mois de mai 1892, une fête était donnée par la Société des « *Amis de l'adolescence* » au profit des cercles laïques qu'elle a ouverts dans le XVIIIe arrondissement pour les apprentis des deux sexes, et inaugurés il y a un an. Le but de cette œuvre est de prolonger, dans une certaine mesure, l'action éducative de l'école trop tôt abandonnée. 380 adolescents ou adolescentes ont fréquenté ces cercles pendant la première année.

A la même date, M. Chauvière, conseiller général, annonçait au Conseil que le premier patronage laïque du XVe arrondissement venait d'être créé.

Au mois de juin de la même année, on apprenait également qu'une véritable société de patronage s'était fondée dans le XIIe arrondissement, et était due à l'initiative de MM. Cuvillier et Picard. Tous les dimanches et jours fériés, elle groupe les jeunes gens apprentis et employés, dans les locaux où elle leur a préparé des occupations agréables et utiles : promenades, excursions, visites de musées ou de grandes usines, sont organisés à leur intention ; puis on y adjoint les exercices de gymnastique, l'escrime et le tir. La société convie aux réunions hebdomadaires et aux promenades, les parents en même temps que les enfants. Sans doute, tous en retirent leur profit.

Dans sa séance du 1er juillet 1892, le Conseil général eut à accorder des subventions à quelques Comités de patronage ; et une subvention de 1.000 francs fut allouée, le 12 décembre suivant, au patronage laïque d'apprentis du XVIIe arrondissement.

La question des patronages était à l'ordre du jour de la séance du 10 novembre 1892 de la Commission départementale supérieure. M. Bompard, vice-président de la Commission, fit connaître, à ce sujet, les termes de l'article 25 de la nouvelle loi, votée quelques jours auparavant et que nous reproduisons :

« Art. 25. — Il sera institué dans chaque département des Comités de patronage ayant pour objet :

» 1° La protection des apprentis et des enfants employés dans l'industrie ;

» 2° Le développement de leur instruction professionnelle.

» Le Conseil général, dans chaque département, déterminera le nombre et la circonscription des Comités de patronage, dont les statuts seront approuvés dans le département de la Seine par le Ministre de l'Intérieur et le Ministre du Commerce et de l'Industrie, et par les Préfets dans les autres départements. Les Comités de patronage seront administrés par une commission composée de sept membres, dont quatre seront nommés par le Conseil général et trois par le Préfet.

» Ils sont renouvelables tous les trois ans. Les membres sortants pourront être appelés de nouveau à en faire partie. Leurs fonctions sont gratuites. »

Dans cette séance, M. Vaillant déclara que cet article n'était guère explicite : « Il y a, dit-il, une sorte de travail préliminaire qui fait défaut, à mon avis, pour nous permettre de résoudre cette question des Comités de patronage. Il faut, tout d'abord, savoir ce que l'on veut faire. Nous voyons que ces Comités sont administrés par une Commission composée de sept membres. Est-ce une seule grande Commission qui sera chargée de la direction de tous les Comités, ou bien s'agit-il d'une Commission par Comité? Qu'entend-on par administrer? Il existe déjà des Comités de patronage ; devra-t-on les désorganiser ou les réglementer suivant la loi? On sait que ces Comités sont des Sociétés particulières privées, s'administrant par elles-mêmes. Les Comités qui seront institués conformément à l'article 25 de la loi seront, de ce fait, placés à la fois sous la protection de l'État et du Conseil général de chaque département. Quelles garanties devront-ils offrir pour satisfaire à la loi ? Autant de points d'interrogation sur lesquels j'appelle l'attention de l'Administration. »

Un autre membre, M. Deffez, fit alors observer que le nombre des Comités à instituer dans chaque arrondissement de Paris dépendrait de l'importance de l'arrondissement, au point de vue industriel.

Nous demanderons aux membres des Commissions locales que la loi de 1892 aura relevés de leur mission, de vouloir bien apporter à la nouvelle institution des Comités de patronage tout le dévouement et le zèle dont ils ont fait preuve jusqu'ici et que l'on n'a pas su récompenser mieux.

Le Conseil général de la Seine est toujours prêt à appuyer les œuvres humanitaires et démocratiques de ce genre.

Inspection départementale (article 21).

Dans sa séance du 26 décembre 1890, le Conseil général, estimant qu'en raison de l'étendue de certaines circonscriptions de la banlieue, le contrôle du Service de l'Inspection ne pourrait être efficacement assuré, décidait que deux postes, l'un d'inspecteur, l'autre d'inspectrice, seraient créés pour les circonscriptions suburbaines, et que les titulaires de ces deux postes seraient désignés à la première session du Conseil, dans le cours de l'année 1891.

M. Constant Bernard, inspecteur départemental, ayant donné sa démission le 28 avril 1891, le Conseil général fut appelé à pourvoir à son remplacement : ce qui eut lieu dans la séance du 29 juin suivant. Dans cette même séance, le Conseil eut à nommer également l'inspecteur et l'inspectrice dont la création avait été fixée au mois de décembre 1890, ainsi qu'un autre inspecteur et une autre inspectrice, que quelques membres du Conseil jugèrent utile d'adjoindre au personnel existant, soit, en tout, trois inspecteurs titulaires et deux inspectrices titulaires ;

Furent alors nommés inspecteurs titulaires : MM. Wermann, Guilain et Bourceret ;

Inspectrices titulaires : MMlles Durand et Julien ;

Inspecteurs suppléants : MM. Quenot, Chevalier et Ploquin ;

Inspectrices suppléantes : MMmes De Laforgue et Baudais.

Par suite de la démission transmise le 26 septembre 1891 par M. Jeannolle, inspecteur titulaire, il y eut lieu de procéder à son remplacement; et dans la séance du 16 décembre suivant MM. Pasteau (1) et Boulin furent élus par le Conseil général, le premier inspecteur titulaire, et le deuxième inspecteur suppléant.

Des suppléances ont été faites, en 1891 et 1892, par :

Mme Valette, du 1er janvier au 31 décembre 1891, en remplacement de Mme Loubens, en congé, pour raison de santé ;

Mme Dambreville, du 1er au 28 février, en remplacement de Mme Getting, et du 7 au 21 septembre, en remplacement de M. Prévost ;

Mlle Durand, du 4 au 18 avril, en remplacement de Mme Dourlen ;

Mlle Julien, du 16 au 30 avril 1891, en remplacement de Mme De Contencin ;

Mme Costadau, du 3 au 17 juin 1891, en remplacement de Mme Prévost ; du 4 septembre au 3 octobre, en remplacement de Mlle Durand ; du 1er janvier au 31 mars 1892, en remplacement de Mme Loubens ;

Mme des Essards, du 28 juillet au 31 août 1891, en remplacement de Mlle Julien ; du 11 au 25 avril 1892, en remplacement de Mme Prévost ;

Mme Baudais, du 21 août au 4 septembre 1892, en remplacement de Mme Ollive ;

Mme De Laforgue, du 5 au 19 septembre 1892, en remplacement de Mme Prévost ;

---

(1) M. Pasteau entra en service le 1er janvier 1892.

M. Pasteau, du 6 au 30 avril 1891, en remplacement de M. Jeannolle, malade ;

M. Hémon, du 16 janvier au 28 février, et du 1er juillet au 31 décembre 1891, en remplacement de M. Jeannolle, malade et démissionnaire ;

M. Bourgeois, du 1er février au 30 avril 1891, en remplacement de M. Constant Bernard ;

M. Bourceret, du 1er mai au 1er juillet 1891, en remplacement de M. Constant Bernard ;

M. Chevallier, du 1er avril au 31 décembre 1892, en remplacement de M. Lallemand, démissionnaire.

(Voir ci-contre le tableau du personnel de l'Inspection au mois de décembre 1892.)

Il résulte des rapports des Commissions locales, que, comme les années précédentes, aucun reproche n'a été, en 1891 et 1892, adressé au personnel de l'Inspection, qui jouit d'une grande considération auprès de la plupart des industriels, malgré l'obligation pour lui d'agir le cas échéant et de dresser des procès-verbaux.

Partout, dans les ateliers où les membres des Commissions locales se sont présentés, ils ont pu constater le passage d'un inspecteur ou d'une inspectrice.

Les membres de la Commission départementale supérieure et le Conseil général tout entier, au moment de la translation à l'État du personnel de l'Inspection, qu'ils ont vu à l'œuvre pendant quatorze ans, n'ont pas manqué de lui transmettre l'expression de leur sincère sympathie.

La 3e Commission locale (Hommes) a pensé devoir émettre un vœu déjà plusieurs fois exprimé et tendant à la nomination d'un certain nombre d'*inspecteurs ouvriers*. Ce vœu, soutenu par la Commission locale de Saint-Ouen, a été discuté lors de l'Assemblée générale des Commissions locales tenue le 24 mai 1891.

M. LAPORTE, Inspecteur divisionnai

M. ALLARD, Inspecteur pr

SECTIONS	ARRONDISSEMENTS Quartiers ou Cantons.	INSPECTEURS	
1	VIIIe, XVIe, XVIIe. . . .	MM. DE FRIEDBERG . . .	144, rue Legendre.
2	IIIe (10e, 11e, 12e quartiers)	TOUCHAIS.	3, rue Clapeyron.
3	VIe, VIIe, XIVe, XVe. . .	N.	
4	Ier, IVe, V^e	PASTEAU	2, rue de Franche-Comté.
5	XIe (41e et 42e quartiers).	DELLE.	24, rue de Condé.
6	XIe (43e et 44e quartiers).	LEVESQUE	6, avenue Parmentier.
7	XIIe, XIIIe, XXe.	PUJOL.	3, rue Duguay-Trouin.
8	IIe (5e, 6e, 7e quartiers), IXe	MAROCHETTI	8, rue Tronchet.
9	X^e.	FLAMERY.	4, rue de l'Équerre.
10	XVIIIe, XIXe	BOURCERET.	50, rue Fabert.
11	IIe (8e quart.), IIIe (9e quart.)	GUILAIN	10, avenue de Villiers.
12	Cantons de Vincennes, Pantin et la commune de Saint-Denis.	BREMOND	13, rue Condorcet.
13	Canton de Neuilly et la commune de Puteaux.	HARLÉ	14 *bis*, rue Nys.
14	Cantons de Charenton, Sceaux et Villejuif.	ESCALI.	12, rue Clauzel.
15	Cant. de St-Denis (moins la comm. de St-Denis.) Canton de Courbevoie (moins la commune de Puteaux).	WERMANN.	5, rue du Four (Ivry).

SUPPL

—	—	HÉMON.	72, boulevard St-Germain.
—	—	BOURGEOIS	42, rue Blanche.
—	—	QUENOT	118, avenue de Villiers.
—	—	CHEVALIER	35 *bis*, rue de Seine (Alfortville).
—	—	PLOQUIN.	39, rue de la Clé.
—	—	BOULIN	39, avenue des Gobelins.

re, Chef du Service, 12, rue Lamandé.
incipal, 35, rue de Trévise.

SECTIONS	ARRONDISSEMENTS Quartiers ou Cantons.	INSPECTRICES	
1	VIIIe, XVIe, XVIIe. . . .	Mme LOUBENS	124, boulevard Haussmann.
2	IIIe, IVe, XIe (42e quartier).	Mlle JULIEN	2, boul. Inkermann (Neuilly).
3	VIe, VIIe, XIVe, XVe. . .	Mlle SAFFROY	28, rue de La Trémoïlle.
4	Ier, Ve, XIIIe	Mme COINDRE	5bis, av. Philippe-le-Boucher, à Neuilly.
5	XIe (41e et 43e quartiers).	Mlle FLOCH.	12, avenue Parmentier.
6	XIe (44e quartier), XIIe. . XXe (78e, 79e et 80e quart.)	Mlle LE MULIER	9, rue de Logelbach.
7	IIe, IXe (34e quartier) . . .	Mme DE CONTENCIN . . .	86, boulevard du Montparnasse.
8	IXe (35e, 36e qrs), Xe (38e qr).	Mme GETTING	18, rue Cardinet.
9	Xe (39e, 40e qr), XXe (77e qr).	Mme GILBERT	105, rue de Prony.
10	IXe (33e quartier) . . . . Xe (37e qr), XVIIIe, XIXe.	Mlle DURAND	110, rue de Rennes.
11	Cantons de Saint-Denis et Pantin. Communes de Levallois et Clichy.	Mme PRÉVOST	18, avenue Trudaine.
12	Communes de Boulogne et Neuilly.	Mlle RANVAUD.	12, rue Bertrand.
13	Cantons de Charenton et Vincennes.	Mme OLLIVE	6, rue Say.
14	Canton de Courbevoie.	Mme DOURLEN	9, rue de Châteaudun, à Asnières.
15	Cantons de Sceaux et de Villejuif.	Mlle TROHEL.	112, boulevard Exelmans.
ÉANTS :			
—	—	Mme DAMBREVILLE	13, rue Paul-Bert.
—	—	Mme COSTADAU	26, avenue Marceau.
—	—	Mme VALETTE.	54, rue Lepic.
—	—	Mme DES ESSARDS	48, rue Monsieur-le-Prince.
—	—	Mme DE LAFORGUE	68, rue du Chemin-Vert.
—	—	Mme BAUDAIS.	34, rue Pétrelle.

On sait que le concours pour les fonctions d'inspecteur du travail dans l'industrie a toujours été ouvert et que des ouvriers ont pu s'y présenter. Les raisons invoquées à l'appui de ce vœu n'ont pas paru péremptoires, et l'Assemblée (1) s'est ralliée à la proposition suivante de M. Bompard : « La réunion émet le vœu que le programme du concours pour l'inspectorat comprenne désormais un examen technique. »

Le Conseil général, prévoyant le vote prochain de la loi qui devait abroger celle du 19 mai 1874, crut devoir adopter, dans sa séance du 6 juillet 1891, un projet de vœu déposé par M. Bompard, visant le maintien par l'État, dans leurs fonctions, de tous les inspecteurs et inspectrices départementaux. Ce vœu fut transmis aussitôt à M. le Ministre du Commerce et de l'Industrie. Il fut renouvelé, en ces termes, par le Conseil dans sa séance du 16 décembre 1891 : « Le Conseil émet le vœu : 1° que les inspecteurs et les inspectrices nommés par les conseillers généraux soient maintenus en fonctions, au cas où la loi nouvelle transférerait à l'État le droit de nommer les titulaires de ces emplois; 2° que l'institution des Commissions locales soit conservée dans la loi nouvelle. »

La Commission départementale supérieure devait également s'intéresser à cette question, mais seulement lorsque la loi fut votée. En effet, dans la séance de la Commission tenue le 10 novembre 1892, M. Bompard s'empressa de demander à M. l'Inspecteur divisionnaire dans quelles conditions le personnel de l'Inspection du département de la Seine se trouvait rattaché à l'État par suite de l'application de la loi nouvelle, et quel serait le mode de nomination des nouveaux inspecteurs.

M. l'Inspecteur divisionnaire répondit que son devoir avait été de demander à la Commission supérieure du Travail auquel le projet de loi était soumis, le maintien intégral du personnel actuel : « Une difficulté, dit-il, se présente toutefois. Le Ministère

(1) Voir le procès-verbal de la réunion du 24 mai 1891.

est d'avis de restreindre le nombre des inspecteurs placés sous ma direction ; aussi, y a-t-il lieu de craindre que les inspecteurs suppléants, au nombre de six, ne soient pas maintenus. Mais je suis assuré qu'ils seront classés comme ayant déjà subi le concours pour l'emploi et portés en première ligne, pour être nommés en province. Ceux d'entre eux qui ne pourraient accepter momentanément un emploi hors du département de la Seine, seront toujours considérés comme candidats aux emplois qui deviendraient vacants ultérieurement. »

M. Vaillant proposa alors de transmettre au Ministère du Commerce et de l'Industrie le vœu suivant : « La Commission départementale est d'avis qu'il y a lieu d'augmenter le nombre des inspecteurs et des inspectrices dans le département de la Seine, et de conserver, dans ce département, les inspecteurs et inspectrices suppléants chargés de remplacer les titulaires en congé ou empêchés de remplir momentanément leurs fonctions. »

Ce vœu fut adopté par la Commission départementale supérieure.

En outre, dans la séance du Conseil général, en date du 24 décembre 1892, M. Bompard fit la déclaration suivante : « Grâce aux efforts persistants du Conseil général, grâce aux vœux répétés qu'il a émis, peut-être aussi grâce aux démarches répétées que j'ai eu l'honneur de faire comme président de la Commission départementale supérieure et comme rapporteur de la 7e Commission, le maintien en fonctions de vos inspecteurs et inspectrices a été peu à peu obtenu du législateur et du Ministère. Le texte primitif du projet de la loi ne contenait rien à ce sujet. »

Comme on vient de le voir, le Service de l'Inspection du département de la Seine était maintenu. Il était rattaché à l'État à partir du 1er janvier 1893.

Le décret du 13 décembre 1892 ne prévoyait que dix inspectrices pour le département de la Seine, alors que leur nombre s'élevait à quinze. Le Conseil général eut également à intervenir à cette occasion; et, dans la séance du 24 du même mois, un membre du Conseil, M. Vaillant, crut devoir adresser à l'Administration la demande ci-après :

« M. VAILLANT. — M. le Secrétaire général de la Préfecture de Police peut-il nous indiquer ce qui a été fait pour les inspectrices du travail dans les manufactures?

» M. LE SECRÉTAIRE GÉNÉRAL DE LA PRÉFECTURE DE POLICE. — Nous avons renouvelé auprès de M. le Ministre du Commerce et de l'Industrie la démarche que nous avions faite à cet égard. Je suis autorisé à vous déclarer que M. le Ministre présente à la signature de M. le Président de la République un projet de décret maintenant à titre transitoire et personnel à Paris toutes les inspectrices titulaires. Les cinq fonctionnaires dont la situation était en suspens seront donc maintenues à Paris (1) dès que M. le Président de la République aura revêtu de sa signature le décret qui lui est soumis. »

Une indemnité d'un mois de traitement était votée et allouée le 21 décembre 1892, aux inspecteurs et inspectrices titulaires et suppléants, par le Conseil général qui émettait, en outre, le vœu que l'État prît à titre d'inspecteurs et d'inspectrices, les suppléants ainsi que les candidats reconnus admissibles aux derniers examens.

Le 28 décembre 1892 la lettre qui suit fut transmise au Conseil général par M. l'Inspecteur divisionnaire, sous l'autorité duquel se trouve placé le Service de l'Inspection départementale de la Seine :

« Monsieur le Président,

» Le Conseil général a bien voulu, sur le rapport de l'honorable M. Bompard, accorder, à titre de gratification, le montant

(1) Par décret du 27 décembre 1892, le nombre des inspectrices pour le département de la Seine reste, par mesure transitoire, fixé à quinze.

d'un mois de traitement au personnel de l'Inspection départementale du travail, dont le service doit être rattaché à l'État à partir du 1er janvier prochain.

» Cette marque de bienveillance a profondément touché les inspecteurs et les inspectrices placés sous ma direction, et c'est en leur nom à tous que je vous prie de vouloir bien transmettre au Conseil général l'expression de leur respectueuse et sincère gratitude.

» Je ne saurais, en ce qui me concerne, oublier que le Conseil général a aussi des droits à ma reconnaissance pour l'intérêt qu'il m'a témoigné dans le cours de ces dix dernières années.

» Je saisis avec empressement l'occasion qui se présente aujourd'hui, et je joins mes remerciements personnels à ceux de tous mes collaborateurs.

» Veuillez agréer, Monsieur le Président, l'hommage de mes sentiments respectueux.

» *L'Inspecteur divisionnaire de la Seine,*

» Signé : E. Laporte. »

Commission départementale supérieure.

La Commission a, dans sa séance du 12 février 1891, procédé à l'installation de MM. Haas et Hirsch.

M. Haas a été nommé à titre de délégué de la Chambre de Commerce, en remplacement de M. Mignon, dont le mandat était expiré.

M. Hirsch, professeur de mécanique au Conservatoire des Arts et Métiers, a remplacé M. Malapert, décédé.

Lors de sa séance du 14 janvier 1892, la Commission s'est

COMPOSITION DE LA COMMISSION DÉPARTEMENTALE SUPÉRIEURE DU TRAVAIL DANS L'INDUSTRIE

1891-1892	
MM.	
BERTHAUT	Membres du Conseil général.
BOLL	
BOMPARD, *Vice-Président*	
LONGUET	
PATENNE	
CH. PÉAN	
ROUANET	
THUILLIER	
VAILLANT	
CARRIOT	Directeur de l'Enseignement primaire du département de la Seine.
CLERGET	Membre du Conseil des Prud'hommes (Ouvriers).
DEFFEZ	Membre du Conseil des Prud'hommes (Patrons).
HIRSCH	Professeur au Conservatoire des Arts-et-Métiers.
HAAS	Membre de la Chambre de Commerce de Paris.
RICHE	Membre du Conseil d'hygiène publique et de salubrité.
BEZANÇON	Chef de la 2e Division de la Préfecture de Police.
PATIN, DRUJON, *Secrétaires*	Chef du 4e Bureau de la 2e Division de la Préfecture de Police.

associée aux regrets exprimés par M. le Président à l'occasion du départ de M. Patin, chef de bureau, admis à la retraite et qui depuis dix ans avait rempli les fonctions de secrétaire.

M. Drujon, chef de bureau, appelé à remplacer M. Patin dans les fonctions de secrétaire, fut présenté à la Commission.

Nous croyons devoir donner ci-après la teneur de la lettre ministérielle en date du 6 avril 1891, relative à certaines délibérations prises par la Commission départementale supérieure :

« Parmi ces délibérations, disait M. le Ministre du Commerce et de l'Industrie, les unes sont relatives au projet de loi réglementant le travail des enfants, des filles mineures et des femmes, dont le Parlement est actuellement saisi. D'autres, au contraire, visent l'application de la loi du 19 mai 1874 et le fonctionnement du Service de l'Inspection dans le département de la Seine.

» En ce qui concerne les premières, elles n'ont évidemment que le caractère de simples vœux qu'il vous appartient de transmettre, soit directement, soit par mon intermédiaire, à la Commission sénatoriale chargée d'examiner le projet récemment voté par la Chambre.

» Quant aux délibérations de la Commission départementale supérieure relatives à l'application de la loi du 19 mai 1874, elles donnent lieu tout d'abord à une observation. Vous n'ignorez pas, Monsieur le Préfet, que cette Commission n'a aucune existence légale, que la loi de 1874 n'en fait nullement mention et que son fonctionnement auprès de votre Administration n'a pu être tolérée par l'un de mes prédécesseurs qu'à titre purement facultatif. Elle n'a donc pas qualité pour s'immiscer dans la direction du service de l'Inspection confiée exclusivement par la loi au Ministre du Commerce. Les délibérations, sur ce point, ne peuvent donc être considérées également que comme de simples vœux, malgré la forme impérative qu'elles revêtent dans le procès-verbal que vous m'avez communiqué et surtout dans le rapport annuel.

» Sous la réserve de cette observation, je suis tout disposé à examiner, de concert avec la Commission supérieure instituée par la loi auprès de mon département, les propositions contenues dans le procès-verbal et le rapport dont vous m'avez saisi. Je vous ferai connaître, ultérieurement, les résolutions qui auront été arrêtées, et des instructions conformes seront adressées à l'ensemble du Service d'Inspection du travail sur toute l'étendue du territoire. Vous reconnaîtrez en effet, j'en suis sûr, qu'il n'est pas possible, en pareille matière, de prendre des mesures applicables exclusivement au département de la Seine, et qu'il est indispensable que la loi réglementant le travail reçoive partout une application uniforme.

» Le service de votre département ne devra donc, pour le moment du moins, tenir compte des délibérations de la Commission départementale supérieure de la Seine, qu'en ce qu'elles ont de conforme aux instructions précédemment reçues de mon département. J'ai, d'ailleurs, écrit dans ce sens à M. l'Inspecteur divisionnaire de la première circonscription. »

Dans le projet de loi soumis, en 1891, au Sénat se trouvait un article (art. 24) ainsi conçu : « Les Conseils généraux devront instituer une ou plusieurs Commissions chargées de présenter, sur l'exécution de la loi et les améliorations dont elle serait susceptible, des rapports qui seront transmis au Ministre et communiqués à la Commission supérieure. Les inspecteurs divisionnaires et départementaux, les présidents et vice-présidents du Conseil de Prud'hommes du chef-lieu ou du principal centre industriel du département et, s'il y a lieu, l'ingénieur des Mines, font partie de droit de ces Commissions dans leurs circonscriptions respectives. »

Cet article a été l'objet d'un vœu présenté au nom de la 17e Commission locale, par M. Francolin, lors de la réunion générale tenue le 24 mai de la même année.

« L'article 24, dit M. Francolin, charge les Conseils généraux d'instituer une ou plusieurs Commissions départementales pour l'étude de la loi; mais on a oublié de donner à ces Commissions les moyens de remplir leur mission. Avec la loi de 1874, les Commissions locales avaient la possibilité de pénétrer dans les ateliers, de voir si la loi était appliquée, si les inspecteurs faisaient leur service; mais il n'en est pas de même avec le nouveau projet de loi. »

M. Francolin demanda d'ajouter à cet article 24 le paragraphe 2 de l'article 20 de la loi de 1874 ainsi conçu : « *A cet effet, pour remplir leur mandat, les Commissions visiteront les établissements industriels, chantiers dont il est question à l'article 1*er*.* » — « Les Commissions pénétrant dans les ateliers, pourront, dit-il, faire des rapports ; mais si elles n'y pénètrent pas, je demande aux auteurs de la loi de quelle manière les Commissions départementales pourront exercer la fonction qui leur est donnée par l'article 24 de la nouvelle loi. »

En présence de ce vœu, M. l'Inspecteur divisionnaire crut devoir déclarer que lors de la rédaction de cet article, la Commission de la Chambre des députés avait visé surtout le maintien de la Commission départementale supérieure actuelle du département de la Seine, qui n'avait aucun caractère légal; c'est pour lui donner ce caractère que l'article dont il s'agit avait ainsi été rédigé. La Commission départementale supérieure, même légalement contituée, n'aura pas le droit d'entrer dans les ateliers.

Tel ne fut pas l'avis de M. Francolin : « Je considère, reprit-il, qu'en formulant ce vœu nous affirmons que toutes les Commissions locales du département de la Seine sont unies dans cette même pensée de la nécessité de maintenir l'intervention, l'élément libre, l'élément travailleur, dans le fonctionnement de la loi ainsi que l'avaient très justement voulu les auteurs de la loi de 1874. On doit regarder comme un grand recul la suppression de cet élément. (*Approbation générale.*) Par conséquent, je crois que puisqu'il n'y a pas de limitation du nombre des membres dans les Commissions qui sont indiquées à l'article 24, les Conseils généraux étant libres de constituer ces Commissions, je demande qu'on appelle sur ce point l'attention du Conseil général de la Seine. Ce que je désire, c'est la transformation des Commissions locales actuelles, leur continuation en Commissions départementales; je ne cache pas que telle est ma pensée et je suis heureux de voir que celle du Ministère et du législateur a été si bien traduite par M. l'Inspecteur divisionnaire, qui nous a dit : « Ce ne sont pas du tout des Commissions locales transformées » qu'on a eu l'intention d'introduire dans la loi, ce sont des Com- » missions départementales qui ne pourront pas entrer dans les » ateliers et qui ne prendront des décisions, ou qui ne verront les » modifications à faire à la loi, que sur les rapports de l'Inspection.» Nous trouvons que ce n'est pas suffisant.»

Le vœu présenté par M. Francolin, mis aux voix, fut adopté à l'unanimité.

M. Bompard, dans la séance du 10 novembre 1892, appelait également l'attention de la Commission départementale supérieure sur ce même article 24 de la loi qui venait d'être promulguée quelques jours auparavant: « Comme on le voit, disait-il, le Conseil général de la Seine pourra constituer une Commission départementale et devra en nommer les membres, tout en y admettant de droit les quatre présidents et quatre vice-présidents des Conseils de Prud'hommes, l'inspecteur divisionnaire, tous les inspecteurs départementaux et enfin l'ingénieur des mines. A mon avis, il y a lieu de maintenir la Commission départementale supérieure telle qu'elle est constituée, en y introduisant les membres de droit désignés par l'article 24 précité. »

Dans cette même séance, M. le Chef de la 2e Division, répondant à M. Bompard, émettait l'avis que la Commission comprenant 32 inspecteurs et inspectrices, comporterait ainsi trop de membres, ce qui ne pourrait que nuire à ses travaux. M. le Chef de Division estimait donc qu'il convenait d'attendre les instructions ministérielles et les décrets d'administration publique avant d'arrêter les détails relatifs à l'application de la nouvelle loi dans le département de la Seine.

M. Vaillant demanda également l'ajournement de la question. « Il y aurait lieu, dit-il, d'avoir au préalable quelques renseignements sur l'organisation de la Commission prévue par l'article 24, dont les termes sont assez vagues. En raison même de la situation exceptionnelle dans laquelle se trouve le département de la Seine, des instructions spéciales pourront nous être fournies, soit par une circulaire ministérielle, soit par un règlement d'administration publique. J'estime que le Ministère doit tenir compte des services rendus jusqu'ici par le Conseil général de la Seine, pour l'application de la loi de 1874, et ne doit pas nous enlever la possibilité de prendre pour l'application de la loi de 1892, dans le département de la Seine, toutes les mesures complémentaires qui en assurent la plus grande efficacité possible. Je conseille donc d'attendre l'appréciation du Ministre du Commerce et de l'Industrie à ce sujet, ou plutôt de la lui demander, afin que nous puissions être fixés avant le 1er janvier 1893. »

M. l'Inspecteur divisionnaire, présent à cette séance, fit l'historique de la question. En donnant au Conseil général le droit de nommer quatre membres pour faire partie de la Commission prévue par l'article 24, les Chambres avaient ainsi voulu rendre plus libérale cette Commission : « On l'a démocratisée, ajouta-t-il, ce dont on ne peut se plaindre. Comme vous, j'avais jugé que l'institution de l'ancienne Commission départementale supérieure s'imposait. Elle était principalement utile au point de vue de la discipline du corps des inspecteurs départementaux, alors que ces fonctionnaires étaient nommés par le Conseil général. Les Commissions départementales instituées par la nouvelle loi ont un but tout différent et très clairement indiqué dans l'article 24. Je puis vous assurer qu'aucun règlement d'administration publique ne viendra compléter cet article 24, ainsi que l'espère M. Vaillant. Il est possible cependant que M. le Ministre envoie, à ce sujet, une circulaire aux Préfets. »

Dans cette même séance, la Commission départementale supérieure adopta le vœu suivant, émis par M. Vaillant : « Les membres de la Commission départementale supérieure instituée dans le département de la Seine pour l'application de la loi du 19 mai

1874, demandent que les Conseils généraux aient le droit de constituer les Commissions départementales prévues par l'article 24 de la loi du 2 novembre 1892 et également le droit d'en nommer les membres.»

Déjà, dans sa séance du 4 novembre 1892, le Conseil général avait confirmé les pouvoirs de sa Commission départementale supérieure du travail et invitait cette Commission à préparer, dans le département de la Seine, l'institution des comités de patronage prévus par la nouvelle loi.

SECTION IX

Pénalités (articles 25 et 28).

Au mois de février 1891, M. l'Inspecteur divisionnaire, en rendant compte du relevé des visites faites par le Service d'Inspection pendant les mois d'octobre, novembre et décembre 1890, informait la Commission départementale supérieure que, selon le désir exprimé par elle dans une précédente séance, il avait chargé les inspecteurs et les inspectrices placés sous sa direction de procéder à la constatation des contraventions de toute nature qu'ils auraient remarquées, au cours de leurs visites, chez les industriels employant des enfants et des filles mineures.

Il fit connaître que du 15 janvier 1891 au 7 février suivant, 863 industriels avaient été trouvés en contravention pour 2.552 infractions se répartissant ainsi :

Absence de certificat d'instruction.....	350
Irrégularités dans le certificat d'instruction	43
Absence du livret....................	402
Absence du registre d'inscription......	20
Registre non tenu à jour...........	569

Défaut d'inscription, tant sur le registre que sur le livret, du temps passé à l'école........................... 312
Défaut d'inscription de la date d'entrée ou de la sortie, tant sur le livret que sur le registre........................ 467
Défaut d'affichage de la loi.......... 356

« Ces infractions, ajoutait M. l'Inspecteur divisionnaire, sont de celles dont le tribunal ne tient aucun compte, à raison de leur minime importance. Il faut envisager la situation morale de l'inspecteur vis-à-vis de l'industriel si, comme il est probable, le Parquet classe les procès-verbaux, les industriels en conclueront que l'inspecteur ne connaît pas la loi et qu'il dresse à tort des procès-verbaux. La nouvelle loi en préparation prescrit, du reste, l'envoi en simple police des procès-verbaux dont il s'agit, et alors seulement des infractions légères pourront être punies. »

Après ces observations, la Commission départementale décida que toutes les constatations de contraventions seraient adressées au Parquet. Une circulaire serait transmise, à ce sujet, aux inspecteurs et aux inspectrices, qui auraient à en prévenir les industriels.

La Commission approuva, ensuite, la proposition de M. l'Inspecteur divisionnaire, tendant à ce que le Sénat voulût bien prendre en considération le vote émis par la Chambre des Députés, aux termes duquel tout industriel trouvé en contravention pour la première fois serait justiciable du Tribunal de simple police ; le Tribunal correctionnel ne devant être saisi qu'en cas de récidive.

Dans son rapport pour l'exercice 1891, l'inspectrice de la 8e section émettait ainsi son opinion au sujet des suites à donner à certaines contraventions à la loi : « A propos des condamnations qui ont été prononcées dans le courant de cette année, je me trouve souvent, comme la plupart de mes collègues sans doute, en présence d'infractions légères, auxquelles leur fréquence seule donne de la gravité, et en proie à l'hésitation en face de la sévérité des peines édictées par la loi de 1874, la condamnation la plus minime entraînant pour le délinquant la constitution d'un casier judiciaire. Nous serions peut-être mieux armés si nous pouvions compter sur une gradation de peines proportionnées aux délits qu'elles doivent réprimer : soit dénonciation de l'infraction par lettre administrative, soit poursuite devant le Tribunal de simple police, qui précéderaient la poursuite correctionnelle, encourue seulement dans les cas graves ou à la suite de récidives nombreuses des infractions légères. Peut-être arriverions-nous à une application meilleure de la loi, dont chaque prescription violée pourrait avoir ainsi une sanction équivalente. »

Le Parquet s'est vu contraint d'appliquer, en 1891, l'article 224 du Code pénal, contre une blanchisseuse qui avait insulté et s'était même livrée à des sévices envers une inspectrice. Il était, en effet, nécessaire de protéger d'une manière efficace le personnel de l'Inspection contre les outrages et les violences dont il pouvait être victime dans l''exercice de ses fonctions. Et pour cela, l'article 28 de la loi du 19 mai 1874, le seul que l'on pût invoquer dans ce cas, concluait à une sanction trop légère.

Huit jours de prison et 16 francs d'amende, telle fut la suite donnée à cette affaire dont il n'existe heureusement que deux précédents depuis l'application de cette loi.

Procès-verbaux dressés pour inexécutions et transmis au Parquet.

En 1891, quatre-vingt-dix-neuf procès-verbaux ont été dressés pour inexécution de différentes prescriptions de la loi, savoir :

IIe arrondissement. — Une jeune fille de 15 ans travaillait le dimanche chez une blanchisseuse. Cette enfant ne possédait ni livret ni certificat d'instruction. Le registre d'inscription n'était pas tenu régulièrement. La loi n'était pas affichée dans l'atelier. — *Procès-verbal* (infraction aux art. 5, 9, 10 et 11 de la loi du 19 mai 1874). — 32 francs d'amende.

IIIe arrondissement. — Six blanchisseuses occupaient, le dimanche, chacune une jeune fille mineure. — *Six procès-verbaux* (infraction à l'art. 5 de la loi du 19 mai 1874). — Suites judiciaires : deux amendes de 16 francs ; une amende de 5 francs ; deux affaires classées par le Parquet et une suivie d'acquittement.

— Deux blanchisseuses faisaient travailler, le dimanche, chacune une jeune fille âgée de moins de 16 ans. Ces jeunes filles ne possédaient ni leur livret ni leur certificat d'instruction. — *Deux procès-verbaux* (infraction aux art. 5, 9 et 10 de la loi du 19 mai 1874). — Suite judiciaire : deux amendes de 20 francs chacune.

— Un cartonnier occupait plusieurs garçons âgés de moins de 16 ans, dans un atelier où les engrenages des laminoirs n'étaient pas suffisamment garantis. — *Procès-verbal* (infraction à l'art. 12 de la loi du 19 mai 1874 et à l'art. 2 du décret du 13 mai 1875). — 25 francs d'amende.

— Une blanchisseuse s'est refusée à laisser entrer l'inspectrice dans son atelier. Elle l'a, en outre, grossièrement invectivée et s'est livrée sur elle à des voies de fait. — *Procès-verbal* (infraction à l'art. 28 de la loi du 19 mai 1874 et application de l'art. 224 du Code pénal). — Huit jours de prison et 16 francs d'amende.

IVe arrondissement. — Six blanchisseuses employaient, le dimanche, chacune une ouvrière, dont la plus âgée avait 14 ans. — *Six procès-verbaux* (infraction à l'art. 5 de la loi du 19 mai 1874). — Une seule affaire a donné lieu à une amende de 16 francs, les autres ayant été classées par le Parquet.

— Une enfant âgée de moins de 12 ans a été rencontrée, un dimanche, portant un paquet de linge pour le compte de sa patronne, blanchisseuse. Cette enfant ne possédait ni livret, ni certificat d'instruction. — *Procès-verbal* (infraction aux articles 2, 5, 9 et 10 de la loi du 19 mai 1874). — Affaire classée par le Parquet.

— Un serrurier, malgré les observations faites par l'inspecteur, au cours d'une visite antérieure, persistait à occuper un enfant âgé de 13 ans, dans un atelier où les machines à percer n'étaient pas munies d'organes protecteurs. Un autre apprenti n'était muni ni du livret, ni du certificat d'instruction prescrits. Le registre d'inscription n'a pu être représenté. La loi n'était pas affichée.— *Procès-verbal* (infraction aux art. 8, 9, 10, 11 et 12 de la loi du 19 mai 1874 et à l'art. 2 du décret du 13 mai 1875). — 48 francs d'amende.

Ve arrondissement. — Deux blanchisseuses occupaient, un dimanche, à repasser le linge, chacune une jeune fille, dont l'une était âgée de 13 ans et l'autre de 14 ans et demi. — *Procès-verbal* (infraction à l'art. 5 de la loi du 19 mai 1874). — Deux amendes de 16 francs chacune.

VIe arrondissement. — Un imprimeur employait : 1° onze garçons âgés de 12 à 16 ans à un travail effectif de quinze heures et demie par jour et à des travaux de nuit ; 2° trois garçons âgés de 12 à 15 ans à un travail de plus de six heures par jour, sans qu'ils fussent munis d'un certificat d'instruction primaire. — *Deux procès-verbaux* (infraction aux art. 3, 4, 9 de la loi du 19 mai 1874). — 500 francs d'amende.

VIIe arrondissement. — Cinq blanchisseuses occupaient, le dimanche, sept jeunes filles mineures soit à plier, soit à porter du linge. — *Procès-verbaux* (infraction à l'art. 5 de la loi du 19 mai 1874). — Suite judiciaire : trois amendes de 16 francs chacune et une de 10 francs. La cinquième affaire a été classée par le Parquet.

— Une blanchisseuse faisait travailler le dimanche ses deux apprenties, âgées de moins de 16 ans. La loi n'était pas affichée dans l'atelier. Les jeunes filles n'étaient pas portées sur le registre d'inscription. — *Procès-verbal* (infraction aux art. 5, 10 et 11 de la loi du 19 mai 1874). — 20 francs d'amende.

IXe arrondissement. — Une blanchisseuse employait le dimanche deux jeunes filles, l'une âgée de 15 ans et l'autre de 14 ans. — *Procès-verbal* (infraction à l'article 5 de la loi du 19 mai 1874). — Deux amendes de 5 francs.

— Trois blanchisseuses occupaient, le dimanche, des apprenties; une des jeunes filles n'avait pas de livret, une autre ne possédait pas de certificat d'instruction. Dans un atelier, le registre d'inscription n'était pas régulièrement tenu et la loi n'était pas affichée. — *Trois procès-verbaux* (infraction aux art. 5, 9, 10 et 11 de la loi du 19 mai 1874). — Suite judiciaire : une amende de 26 fr.; deux amendes de 5 francs chacune.

X^e arrondissement. — Quatre blanchisseuses occupaient des jeunes filles le dimanche. — *Quatre procès-verbaux* (infraction à l'art. 5 de la loi du 19 mai 1874). — Ces affaires ont donné lieu à deux amendes de 16 francs chacune, une amende de 25 francs et une amende de 5 francs.

— Deux filles mineures étaient occupées, le dimanche, chez deux blanchisseuses. Une de ces jeunes filles n'avait pas de livret. Aucune d'elles n'était portée sur les registres d'inscription. La loi n'était pas affichée dans aucun des ateliers. — *Deux procès-verbaux* (infraction aux art. 5, 10 et 11 de la loi du 19 mai 1874). — Deux amendes : l'une de 5 francs et l'autre de 16 francs.

— Deux jeunes filles, âgées de moins de 16 ans, étaient occupées, un dimanche, chez une blanchisseuse. Une de ces enfants n'avait pas de livret. Toutes deux ne possédaient pas leur certificat d'instruction et n'étaient pas portées sur les registres d'inscription. — *Deux procès-verbaux* (infraction aux art. 5, 9 et 10 de la loi du 19 mai 1874). — Deux amendes : l'une de 60 francs, l'autre de 16 francs.

— Trois blanchisseuses occupaient, un dimanche, chacune une apprentie. Ces trois jeunes filles n'avaient pas le livret réglementaire. — *Trois procès-verbaux* (infraction aux art. 5 et 10 de la loi du 19 mai 1874). — Deux amendes de 20 francs et une de 10 francs.

XIe arrondissement. — Dix-sept blanchisseuses employaient au travail, le dimanche, vingt-quatre jeunes filles mineures. — *Dix-sept procès-verbaux* (infraction à l'art. 5 de la loi du 19 mai 1874). — Ces affaires ont donné lieu à une amende de 32 francs; une de 20 francs ; huit de 16 francs ; cinq de 10 francs et deux de 5 francs.

— Un tôlier faisait travailler quatre enfants un dimanche. Les trois premiers étaient occupés à des travaux divers, comme aides d'ouvriers, le quatrième rangeait l'atelier. — *Procès-verbal* (infraction à l'art. 5 de la loi du 19 mai 1874). — 40 francs d'amende.

— Un entrepreneur de ramonage occupait un enfant de moins de 12 ans. — *Procès-verbal* (infraction à l'art. 2 de la loi du 19 mai 1874). — 5 francs d'amende.

— Une couturière employait une fille âgée de moins de 16 ans, ne possédant pas de livret ; non-inscription de cette enfant sur le registre, loi pas affichée. — *Procès-verbal* (infraction aux art. 10 et 11 de la loi du 19 mai 1874). — 21 francs d'amende.

— Un fabricant de pointes d'acier occupait deux enfants, l'un âgé de moins de 12 ans, l'autre de moins de 15 ans. Ce dernier ne possédait pas son certificat d'instruction. — *Procès-verbal* (infraction aux art. 2 et 9 de la loi du 19 mai 1874). — Deux fois 5 francs d'amende.

— Une polisseuse en mouvements de pendules employait à un travail de nuit trois filles âgées de moins de 15 ans. Deux de ces jeunes filles n'avaient pas leur certificat d'instruction primaire élémentaire et travaillaient plus de six heures par jour. — *Pro-*

cès-verbal (infraction aux art. 4 et 9 de la loi du 19 mai 1874). — Cinq amendes de 10 francs pour chaque enfant en contravention.

XIIIe arrondissement. — Une blanchisseuse employait, le dimanche, une jeune fille de 15 ans. — *Procès-verbal* (infraction à l'article 5 de la loi du 19 mai 1874). — Une amende de 5 francs.

XVIIIe arrondissement. — Neuf blanchisseuses occupaient, le dimanche, onze apprenties. — *Neuf procès-verbaux* (infraction à l'art. 5 de la loi du 19 mai 1874). — Ces affaires ont reçu la sanction judiciaire suivante : une amende de 32 francs ; six de 16 francs ; deux de 10 francs.

— Une blanchisseuse, tout en reconnaissant qu'elle occupait une fille mineure, s'est refusée à laisser pénétrer dans son atelier l'inspectrice qui lui présentait sa carte de service et s'est livrée sur elle à des voies de fait en l'invectivant en termes grossiers. — *Procès-verbal* (infraction à l'art. 28 de la loi du 19 mai 1874). — 100 francs d'amende.

— Deux filles, âgées de 14 et 15 ans, étaient occupées à travailler le dimanche chez une blanchisseuse. Une d'elles n'avait pas de livret. — *Procès-verbal* (infraction aux art. 5 et 10 de la loi du 19 mai 1874). — 32 francs d'amende.

XXe arrondissement. — Trois blanchisseuses occupaient, le dimanche, chacune une fille mineure. — *Procès-verbal* (infraction à l'art. 5 de la loi du 19 mai 1874). — Deux de ces affaires ont été classées sans suite par le Parquet ; il y a eu acquittement pour la troisième industrielle.

— Une blanchisseuse faisait travailler, le dimanche, une jeune fille âgée de moins de 16 ans qui n'était pas munie du certificat d'instruction. — *Procès-verbal* (infraction aux art. 5 et 9 de la loi du 19 mai 1874). — Affaire suivie d'acquittement.

— Une blanchisseuse avait envoyé, un dimanche, son apprentie, âgée de 14 ans, porter du linge chez un client. La loi n'était pas affichée dans l'atelier. — *Procès-verbal* (infraction aux art. 5 et 11 de la loi du 19 mai 1874). — Une amende de 5 francs.

Arrondissement de Saint-Denis. — Trois blanchisseuses, occupant chacune une mineure, leur faisaient ranger l'atelier un dimanche. — *Procès-verbal* (infraction à l'art. 5 de la loi du 19 mai 1874). — Une de ces affaires a été classée par le Parquet; la seconde a été suivie d'un acquittement et la troisième a eu une sanction judiciaire : 16 francs d'amende.

— Deux blanchisseuses occupaient, le dimanche, chacune une jeune fille mineure. — *Procès-verbal* (infraction à l'art. 5 de la loi du 19 mai 1874). — Une de ces industrielles a été condamnée à une amende de 16 francs; l'autre affaire a été classée par le Parquet.

— Une jeune fille mineure a été trouvée, un dimanche, repassant du linge dans l'atelier de sa patronne, blanchisseuse. Non-inscription de cette jeune fille sur le registre et loi pas affichée. — *Procès-verbal* (infraction aux art. 5, 10, 11 de la loi du 19 mai 1874). — 15 francs d'amende.

— Un fabricant de caoutchouc employait plus de six heures par jour deux enfants âgés de moins de 15 ans, non pourvus de leur certificat d'instruction élémentaire. Quatre autres enfants étaient employés sans que leur entrée ait été inscrite au livret et sur le registre. Ces quatre enfants et deux filles mineures travaillaient dans un atelier dont les machines n'étaient pas suffisamment protégées. — *Procès-verbal* (infraction aux articles 9, 10, 14 de la loi du 19 mai 1874). — Une amende de 192 francs.

— Un cartonnier employait trois enfants plus de douze heures par jour. Deux de ces enfants travaillaient dans un atelier ne présentant pas les conditions de sécurité nécessaires. Une fille mineure n'avait pas de livret; la loi n'était pas affichée. — *Procès-verbal* (infraction aux art. 3, 10, 11, 14 de la loi du 19 mai 1874). — Une amende de 40 francs.

— Un constructeur-mécanicien occupait un enfant âgé de 12

ans, non muni du livret et non inscrit sur le registre. Deux autres enfants ont quitté sans que leur sortie ait été mentionnée sur ce même registre. Les ateliers ne présentaient pas les conditions suffisantes de sécurité pour les enfants qui y étaient employés. — *Procès-verbal* (infraction aux art. 10, 13 de la loi du 19 mai 1874 et à l'art. 2 du décret du 13 mai 1875). — Quatre amendes de 16 francs.

Arrondissement de Sceaux. — Cinq blanchisseuses employaient, le dimanche, dix mineures. — *Cinq procès-verbaux* (infraction à l'art. 5 de la loi du 19 mai 1874). — Suite judiciaire : une amende de 15 francs; trois de 10 francs chacune; et une de 5 francs.

— Une blanchisseuse occupait, un dimanche, au repassage, deux enfants de 12 à 16 ans. Ces deux jeunes filles n'étaient pas portées sur le registre d'inscription, et loi non affichée. — *Procès-verbal* (infraction aux art. 5, 10 et 11 de la loi du 19 mai 1874). — Amende de 10 francs.

— Une blanchisseuse faisait travailler un dimanche deux filles mineures. Ces deux jeunes filles n'étaient pas inscrites sur le registre prescrit par la loi. — *Procès-verbal* (infraction aux art. 5 et 10 de la loi du 19 mai 1874). — Affaire classée par le Parquet.

En 1892, neuf procès-verbaux seulement ont été dressés pour inexécution de différentes prescriptions de la loi, savoir :

VIIIe arrondissement. — Une blanchisseuse s'est refusée à présenter à l'inspectrice le registre d'inscription qu'elle réclamait pour y apposer sa signature; d'autre part, elle l'a invectivée de la façon la plus grossière. — *Procès-verbal* (infraction à l'art. 28). — 50 francs d'amende.

X^e arrondissement. — Une blanchisseuse faisait travailler une enfant mineure, le dimanche. La loi n'était pas affichée dans l'atelier. — *Procès-verbal* (infraction aux art. 5 et 11). — 5 francs d'amende.

XIe *arrondissement.* — Uu loueur de force motrice, aux observations réitérées de l'inspecteur, a répondu par un refus formel de prendre les dispositions nécessaires pour garantir les courroies de transmission, dans l'atelier où il employait des enfants. — *Procès-verbal* (infraction à l'art. 14). — 16 francs d'amende.

— Un menuisier occupait, un dimanche, deux enfants de moins de 16 ans. — *Procès-verbal* (infraction à l'article 5). — Affaire classée par le Parquet.

XIIe *arrondissement.* — Malgré l'observation qui lui avait été faite par l'inspectrice au cours d'une visite antérieure, une blanchisseuse s'est obstinée à faire travailler, un dimanche, une fille de moins de 16 ans. — *Procès-verbal* (infraction à l'art. 5). — 5 francs d'amende.

XIXe *arrondissement.* — Un inspecteur ayant rencontré chez un serrurier un enfant de moins de 12 ans qui n'avait ni le certificat d'instruction, ni le livret exigé par la loi, le renvoya. Étant retourné dans l'atelier il constata que l'enfant avait été repris par le patron et qu'il était occupé à des travaux durs et fatigants. La loi n'était pas affichée. Une machine à percer n'était pas pourvue d'organes protecteurs. — *Procès-verbal* (infraction aux art. 2, 9, 10, 11, 14 et 28). — 40 francs d'amende.

— Un apprêteur de pointes d'acier occupait deux enfants de 12 ans à un travail de onze heures par jour. L'atelier était mal tenu. Les autres enfants employés étaient pour la plupart dépourvus des pièces réglementaires. — *Procès-verbal* (infraction aux art. 2, 9 et 10). — 16 francs d'amende.

Arrondissement de Saint-Denis. (Canton de Pantin.) — Dans une scierie mécanique un enfant de moins de 16 ans était employé sans posséder le livret et sans être inscrit sur le registre prescrit par la loi. La loi n'était pas affichée. — *Procès-verbal* (infraction aux art. 10 et 11). — 30 francs d'amende.

Arrondissement de Sceaux. (Canton de Vincennes.) — Un imprimeur employait : 1° deux enfants dans son atelier où les machines ne présentaient pas toutes les conditions de sécurité nécessaires ; — 2° trois enfants, sans que leur nom figurât au registre d'inscription. — *Procès-verbal* (infraction aux art. 14 et 10). — 48 francs d'amende.

En 1891, 202 affaires ont été instruites : sur ce nombre, 44, soit 18 pour fait de surcharge et 26 pour accidents, ont été classées. Le reste, soit 158, pour lesquelles des procès-verbaux ont été dressés par le Service de l'Inspection, ont été transmises au Parquet.

Voici la suite judiciaire donnée aux 158 procès-verbaux :

130	ont été suivis de condamnations (amendes),
24	ont été classés par le Parquet,
4	ont été suivis d'acquittement.
158	

Le total des amendes prononcées contre les délinquants a été de 3.346 francs. La plus petite amende est de 1 franc, la plus forte de 500 francs.

En 1892, 78 affaires ont été instruites ; sur ce nombre, 33, soit 19 pour fait de surcharge et 14 pour accidents, ont été classées. Le reste, soit 45, pour lesquelles des procès-verbaux ont été dressés par le Service de l'Inspection, ont été transmises au Parquet.

Voici la suite judiciaire donnée aux 45 procès-verbaux :

34	ont été suivis de condamnations (amendes),
9	ont été classés par le Parquet,
2	n'ont pas encore reçu de suite judiciaire.
45	

NATURE des CONTRAVENTIONS	PROCÈS-VERBAUX SUITE JUDICIAIRE NON PARVENUE	SUIVIS DE CONDAMNATIONS	CLASSÉS PAR LE PARQUET OU SUIVIS D'ACQUITTEMENT	TOTAL des PROCÈS-VERBAUX		TOTAL DES AMENDES fr.	c.
1891							
Inexécutions de la loi du 19 mai 1874	»	81	18	99	99	3.346	
Accidents	»	9	4	13	14		
Accidents et inexécutions	»	1	»	1			
Surcharges	»	35	5	40	43		
Surcharges et inexécutions	»	3	»	3			
Loi du 9 septembre 1848	»	1	1	2	2		
Totaux	»	130	28	158		3.346	
1892							
Inexécutions de la loi du 19 mai 1874	»	8	1	9	9	687	
Accidents	2	4	2	8	9		
Accidents et inexécutions	»	»	1	1			
Surcharges	»	18	5	23	26		
Surcharges et inexécutions	»	3	»	3			
Loi du 9 septembre 1848	»	1	»	1	1		
Totaux	2	34	9	45		687	

	PROCÈS-VERBAUX DRESSÉS PAR						TOTAUX PAR		
	LES INSPECTEURS			LES INSPECTRICES					
En 1891 :	INEXÉCUTIONS	SURCHARGES	ACCIDENTS	INEXÉCUTIONS	SURCHARGES	ACCIDENTS	MOIS	TRIMESTRES	SEMESTRES
1er Trimestre. Janvier	»	1	1	9	»	»	11	88	123
Février	»	3	1	41	»	»	45		
Mars	1	4	4	23	»	»	32		
2e Trimestre. Avril	»	5	»	10	»	»	15	35	
Mai	2	5	»	2	»	»	9		
Juin	3	4	1	3	»	»	11		
3e Trimestre. Juillet	1	1	»	»	»	»	2	15	35
Août	»	7	»	»	1	»	8		
Septembre	»	2	1	1	1	»	5		
4e Trimestre. Octobre	2	3	»	»	»	»	5	20	
Novembre	3	5	2	»	»	»	10		
Décembre	»	1	4	»	»	»	5		
	12	41	14	89	2	»	158		
	67			91					
	158								
En 1892 :	7	25	9	3	1	»	»	»	»
	41			4					
	45								

État, par nature d'industries, des contraventions constatées pendant l'année 1891, et dont un certain nombre ont donné lieu à des procès-verbaux.

INDUSTRIES	Inexécutions	Accidents	Surcharges	TOTAUX
Balayeuses mécaniques (fab. de)	»	»	1	1
Blanchisseuse	87	1	»	88
Boulangère	»	»	1	1
Brodeur	»	1	»	1
Bronze (monteur en)	»	»	1	1
Caoutchouc (fabricants de)	1	1	»	2
Cartonniers	2	2	6	10
Chaisiers	»	»	2	2
Charbon (marchand de)	»	»	1	1
Charcutiers	»	»	3	3
Charron	»	»	1	1
Chaussures (fabricants de)	»	1	2	3
Cirages (fabricant de)	»	1	»	1
Ciseleurs	»	»	2	2
Couronnes mortuaires (fab. de)	»	»	1	1
Couturière	1	»	»	1
Culottière	»	»	1	1
Doreur	»	»	1	1
École d'apprentissage	»	1	»	1
Électriciens	1	1	»	2
Emballeurs	»	»	2	2
Encadreurs	»	»	2	2
Fondeur en cuivre	»	»	1	1
Fourneaux économiques (fab. de)	»	1	»	1
Fumistes	»	1	1	2
Gaz (fabricant d'appareils à)	»	»	1	1
Graveur	»	»	1	1
Imprimeurs	2	11	3	16
Jouets mécaniques (fab. de)	»	»	1	1
A reporter	94	22	35	151

INDUSTRIES	Inexécutions	Accidents	Surcharges	TOTAUX
Report	94	22	35	151
Loueur de force motrice	»	1	»	1
Marchand de bois	»	1	»	1
Marchand de rognures de drap	»	»	1	1
Mécaniciens	2	4	1	7
Menuisier	»	»	1	1
Opticien	»	»	1	1
Papetiers	»	1	1	2
Papiers marbrés (fabricant de)	»	1	»	1
Parfumeur	»	1	»	1
Pâtissiers	»	»	2	2
Pianos (fabricant de)	»	1	»	1
Plombier	»	»	1	1
Pointes d'acier (fabricant de)	1	»	»	1
Polisseurs sur cuivre	1	1	1	3
Potier	»	1	»	1
Quincailliers	»	»	2	2
Ramonages (entrepreneur de)	1	»	»	1
Relieurs	»	»	5	5
Sacs en papier (fabricants de)	»	»	2	2
Scieurs à la mécanique	»	2	2	4
Serruriers	1	»	2	3
Tailleur	»	»	1	1
Teinturier	»	1	»	1
Tôlier	1	2	»	3
Tubes en cuivre (fabricant de)	»	»	1	1
Vélocipèdes (fabricant de)	»	»	1	1
Verrier	»	»	1	1
Viroles (fabricant de)	»	1	»	1
TOTAL	101	40	61	202

État, par nature d'industries, des affaires instruites pendant l'année 1892, et dont un certain nombre ont donné lieu à des procès-verbaux.

INDUSTRIES	Inexécutions.	Accidents.	Surcharges.	TOTAUX.	INDUSTRIES	Inexécutions.	Accidents.	Surcharges.	TOTAUX.
Albatrier	»	1	»	1	*Report*	4	7	23	34
Articles de pharmacie	»	»	1	1	Imprimeurs	1	11	2	14
Bijoutiers	»	»	1	1	Lampiste	»	»	1	1
Blanchisseur	1	»	»	1	Linoleum	»	1	»	1
Blanchisseuses	2	»	1	3	Loueur de force motrice	1	»	»	1
Boites en métal	»	»	1	1	Menuisiers	1	1	1	3
Bouchers	»	»	2	2	Moulurier	»	1	»	1
Brunisseurs	»	»	1	1	Outils (fabrique d')	»	»	1	1
Caoutchouc	»	1	»	1	Papier (marchand de)	»	»	1	1
Cartonniers	»	»	5	5	— (fabrique de)	»	»	1	1
Chapelier	»	»	1	1	Passementier	»	»	1	1
Chaussures (fabrique de)	»	1	1	2	Pâtissiers	»	»	4	4
Charpentier	»	1	1	2	Peintres	»	»	2	2
Clicheur	»	»	1	1	Piles électriques	»	»	1	1
Constructeurs-mécaniciens	1	1	»	2	Pointes d'acier	1	»	»	1
Craie (fabrique de.)	»	1	»	1	Raffineur de pétrole	»	1	»	1
Emballeur	»	1	»	1	Relieurs	»	»	2	2
Encadreurs	»	»	3	3	Scieur à la mécanique	1	»	»	1
Épicier	»	»	1	1	Serruriers	1	»	2	3
Feutres	»	»	1	1	Tapissiers	»	»	2	2
Fruitier	»	»	1	1	Tourneur	»	1	»	1
Graveur	»	»	1	1	Vin (marchand de)	»	»	1	1
A reporter	4	7	23	34	TOTAL	10	23	45	78

Le total des amendes prononcées contre les délinquants a été de 737 francs (1). La plus petite amende est de 5 francs, la plus forte de 70 francs.

L'état suivant fait connaître le nombre des infractions et les articles visés dans les 203 procès-verbaux qui ont été transmis au Parquet, dans le cours des années 1891 et 1892 :

6 infractions à	l'article 2 de la loi du 19 mai 1874.		(Emploi des enfants âgés de moins de 12 ans.)
3	—	l'article 3.	(Enfants de moins de 16 ans travaillant plus de douze heures par jour.)
2	—	l'article 4.	(Enfants de moins de 16 ans employés à un travail de nuit.)
90	—	l'article 5.	(Enfants employés le dimanche.)
1	—	l'article 8.	(Enfants employés avant 12 ans et ne suivant pas les classes d'une école pendant le temps libre du travail.)
18	—	l'article 9.	(Enfants travaillant plus de six heures par jour et non pourvus du certificat d'études.)
33	—	l'article 10.	(Enfants employés sans être munis du livret réglementaire, registre non tenu par le patron.)
16	—	l'article 11.	(Non-affichage de la loi dans l'atelier.)
76	—	l'article 12.	(Enfants occupés à des travaux excédant leurs forces. — Décrets des 13 mai 1875 (art. 1er, 2, 3, 7) et 31 octobre 1882 (art. 1er.)
4	—	l'article 13.	(Enfants occupés dans des établissements insalubres.)
21	—	l'article 14.	(Enfants occupés à des travaux défendus ou près d'appareils présentant des causes de danger. — Précautions non prises pour éviter les accidents.)
4	—	l'article 28.	(Obstacles mis à l'accomplissement des devoirs d'un inspecteur au cours de sa visite.)
3 infractions à	la loi du 9 septembre 1848.		(Limitant à douze heures la durée du travail journalier dans les usines et manufactures.)
277			

(1) Le montant des amendes résultant de ces condamnations est versé au fonds de ubvention affecté à l'enseignement primaire dans le budget de l'instruction publique.

Les affaires instruites dans le département de la Seine, en 1891, ont été portées, par quartier, canton et arrondissement, sur l'état ci-après (1) :

ARRONDISSEMENTS	Nos DES QUARTIERS	NOMS DES QUARTIERS	INDUSTRIES	AFFAIRES			TOTAL par	
				INEXÉCUTIONS	ACCIDENTS	SURCHARGES	QUARTIER	ARRONDISSEMt
Ier	1	St-Germain-l'Auxerrois	»	»	»	»	»	2
	2	Halles	Imprimeur	»	1	»	1	
	3	Palais-Royal	Cartonnier	»	»	1	1	
	4	Place-Vendôme	»	»	»	»	»	
				»	1	1		
IIe	5	Gaillon	»	»	»	»	»	5
	6	Vivienne	Brodeur	»	1	»	1	
	7	Mail	Cartonnier	»	»	1	1	
			Graveur	»	»	1	1	
	8	Bonne-Nouvelle	Papetier	»	»	1	1	
			Blanchisseuse	1	»	»	1	
				1	1	3		
IIIe	9	Arts-et-Métiers	Blanchisseuse	1	»	»	1	20
			Ciseleur	»	»	1	1	
	10	Enfants-Rouges	Emballeur	»	»	1	1	
			Fabricant de tubes en cuivre	»	»	1	1	
			Blanchisseuses	4	»	»	4	
			Cartonnier	»	»	1	1	
	11	Archives	Emballeur	»	»	1	1	
			Encadreur	»	»	1	1	
			Relieur	»	»	1	1	
			Blanchisseuses	4	»	»	4	
			Imprimeur	»	»	1	1	
	12	Sainte-Avoie	Marchd de rognures de draps	»	»	1	1	
			Scieur	»	»	1	1	
			Cartonnier	1	»	»	1	
				10	»	10		
IVe	13	Saint-Merry	Cartonnier	»	1	»	1	11
			Papetier	»	1	»	1	
	14	Saint-Gervais	Blanchisseuses	2	»	»	2	
			Charcutier	»	»	1	1	
	15	Arsenal	Blanchisseuses	5	»	»	5	
			Serrurier	1	»	»	1	
	16	Notre-Dame	»	»	»	»	»	
				8	2	1		

(1) Le tableau pour l'année 1892 n'a pu être inséré dans ce rapport, en raison du temps très limité pour son impression.

ARRONDISSEMENTS	Nos DES QUARTIERS	NOMS DES QUARTIERS	INDUSTRIES	AFFAIRES INEXÉCUTIONS	AFFAIRES ACCIDENTS	AFFAIRES SURCHARGES	TOTAL par QUARTIER	TOTAL par ARRONDISSEMt
Ve	17	Saint-Victor	»	»	»	»	»	5
	18	Jardin-des-Plantes	»	»	»	»	»	
	19	Val-de-Grâce	Blanchisseuses	2	»	»	2	
	20	Sorbonne	Cartonnier	»	»	1	1	
			Charcutier	»	»	1	1	
			Relieur	»	»	1	1	
				2	»	3		
VIe	21	Monnaie	Charcutier	»	»	1	1	11
			Fumiste	»	»	1	1	
			Relieur	»	»	1	1	
	22	Odéon	Cartonnier	»	»	1	1	
	23	Notre-Dame-des-Champs	Imprimeurs	2	2	»	4	
			Relieur	»	»	1	1	
			Fabt de couronnes mortuaires	»	»	1	1	
	24	Saint-Germain-des-Prés	Imprimeur	»	1	»	1	
				2	3	6		
VIIe	25	Saint-Thomas-d'Aquin	Doreur	»	»	1	1	7
			Blanchisseuse	1	»	»	1	
	26	Invalides	»	»	»	»	»	
	27	Ecole-Militaire	Blanchisseuse	1	»	»	1	
	28	Gros-Caillou	Blanchisseuses	4	»	»	4	
				6	»	1		
VIIIe	29	Champs-Élysées	Plombier	»	»	1	1	2
	30	Faubourg-du-Roule	»	»	»	»	»	
	31	Madeleine	»	»	»	»	»	
	32	Europe	Relieur	»	»	1	1	
				»	»	2		
IXe	33	Saint-Georges	Blanchisseuse	1	»	»	1	6
	34	Chaussée-d'Antin	»	»	»	»	»	
	35	Faubourg-Montmartre	Cartonnier	»	»	1	1	
			Imprimeur	»	1	»	1	
	36	Rochechouart	Blanchisseuses	3	»	»	3	
				4	1	1		
Xe	37	Saint-Vincent-de-Paul	Blanchisseuses	2	»	»	2	4
			Fabricant de chaussures	»	1	»	1	
			Imprimeur	»	1	»	1	
				2	2	»		

ARRONDISSEMENTS	N°s DES QUARTIERS	NOMS DES QUARTIERS	INDUSTRIES	AFFAIRES INEXÉCUTIONS	AFFAIRES ACCIDENTS	AFFAIRES SURCHARGES	TOTAL par QUARTIER	TOTAL par ARRONDISSEM^t
X^e (Suite.)	38	Porte-Saint-Denis	»	»	»	»	»	14
			Blanchisseuses	6	»	»	6	
	39	Porte-Saint-Martin	Fab^t de balayeuses mécaniq^s	»	»	1	1	
			Imprimeur	»	»	1	1	
			Serrurier	»	»	1	1	
			Fumiste	»	»	»	1	
	40	Hôpital-Saint-Louis	Blanchisseuses	3	»	»	3	
			Electricien	1	1	»	1	
				10	1	3		
XIe			Polisseuse en cuivre	1	»	»	1	36
			Fabricant de pointes d'acier	1	»	»	1	
			Couturière	1	»	»	1	
	41	Folie-Méricourt	Blanchisseuses	9	»	»	9	
			Polisseur sur métaux	»	»	1	1	
			Fabricant de viroles	»	1	»	1	
			Loueur de force motrice	»	1	»	1	
			Mécanicien	»	1	»	1	
			Polisseur	»	1	»	1	
	42	Saint-Ambroise	Ciseleur	»	»	1	1	
			Blanchisseuses	3	»	»	3	
			Tôliers	1	2	»	3	
			Fourneaux économiq^s (f^t de)	»	1	»	1	
	43	Roquette	Réparateur de chaises	»	»	1	1	
			Appareils à gaz (fabricant d')	»	»	1	1	
			Entrepreneur de ramonages	1	»	»	1	
			Blanchisseuses	4	»	»	4	
			Boulangère	»	»	1	1	
	44	Sainte-Marguerite	Encadreur	»	»	1	1	
			Blanchisseuse	1	»	»	1	
			Mécanicien	1	»	»	1	
				23	7	6		
XIIe	45	Bel-Air	»	»	»	»	»	4
	46	Picpus	Imprimeur	»	1	»	1	
			Mécanicien	»	1	»	1	
	47	Bercy	»	»	»	»	»	
	48	Quinze-Vingts	Fabricant de sacs en papier	»	»	1	1	
			Quincaillier	»	»	1	1	
				»	2	2		
XIIIe	49	Salpêtrière	»	»	»	»	»	1
	50	Gare	Culottière	»	»	1	1	
				»	»	1		

ARRONDISSEMENTS	N°s DES QUARTIERS	NOMS DES QUARTIERS	INDUSTRIES	AFFAIRES INEXÉCUTIONS	AFFAIRES ACCIDENTS	AFFAIRES SURCHARGES	TOTAL par QUARTIER	TOTAL par ARRONDISSEMᵗ
XIIIᵉ (*Suite.*)	51	Maison-Blanche	Potier	»	1	»	1	4
			Fabricant de chaussures	»	»	1	1	
	52	Croulebarbe	Blanchisseuse	1	»	»	1	
			Fabricant de chaussures	»	»	1	1	
				1	1	2		
XIVᵉ	53	Montparnasse	»	»	»	»	»	2
	54	Santé	»	»	»	»	»	
	55	Petit-Montrouge	»	»	»	»	»	
	56	Plaisance	Pâtissier	»	»	1	1	
			Quincaillier	»	»	1	1	
				»	»	2		
XVᵉ	57	Saint-Lambert	»	»	»	»	»	»
	58	Necker	»	»	»	»	»	
	59	Grenelle	»	»	»	»	»	
	60	Javel	»	»	»	»	»	
				»	»	»		
XVIᵉ	61	Auteuil	École d'apprentissage	»	1	»	1	1
	62	Muette	»	»	»	»	»	
	63	Porte-Dauphine	»	»	»	»	»	
	64	Bassins	»	»	»	»	»	
				»	1	»		
XVIIᵉ	65	Ternes	Pâtissier	»	»	1	1	1
	66	Plaine-Monceaux	»	»	»	»	»	
	67	Batignolles	»	»	»	»	»	
	68	Épinettes	»	»	»	»	»	
				»	»	1		
XVIIIᵉ	69	Grandes-Carrières	Imprimeur	»	»	1	1	14
	70	Clignancourt	Blanchisseuses	3	»	»	3	
	71	Goutte-d'Or	Tailleur	»	»	1	1	
			Blanchisseuses	8	»	»	8	
	72	La Chapelle	Fabricant de pianos	»	1	»	1	
				11	1	2		

ARRONDISSEMENTS	Nos DES QUARTIERS	NOMS DES QUARTIERS	INDUSTRIES	AFFAIRES			TOTAL par	
				INEXÉCUTIONS	ACCIDENTS	SURCHARGES	QUARTIER	ARRONDISSEMt
XIXe	73	La Villette	Scieur à la mécanique	»	1	»	1	6
			Menuisier	»	»	1	1	
	74	Pont-de-Flandre	»	»	»	»	»	
	75	Amérique	Fabt de jouets mécaniques	»	»	1	1	
	76	Combat	Mécaniciens	»	1	1	2	
			Charron	»	»	1	1	
				»	2	4		
XXe	77	Belleville	Blanchisseuses	5	»	»	5	10
	78	Saint-Fargeau	Monteur en bronze	»	»	1	1	
			Cartonnier	»	1	»	1	
	79	Père-Lachaise	Chaisier	»	»	1	1	
			Marchand de charbon	»	»	1	1	
	80	Charonne	Fabricant de sacs en papier	»	»	1	1	
				5	1	4		

ARRONDISSEMENTS	CANTONS	INDUSTRIES	AFFAIRES: INEXÉCUTIONS	AFFAIRES: ACCIDENTS	AFFAIRES: SURCHARGES	TOTAL par CANTON	TOTAL par ARRONDISSEMt
SAINT-DENIS	Courbevoie	Scieur à la mécanique	»	1	»	1	22
		Mécanicien	»	1	»	1	
		Blanchisseuses	4	»	»	4	
	Neuilly	Marchand de bois	»	1	»	1	
		Imprimeur	»	1	»	1	
		Fabricant de vélocipèdes	»	»	1	1	
		Serrurrier	»	»	1	1	
		Blanchisseuses	2	»	»	2	
	Pantin	Fabricants de caoutchouc	1	1	»	2	
		Opticien	»	»	1	1	
		Scieur à la mécanique	»	»	1	1	
	Saint-Denis	Imprimeur	»	1	»	1	
		Fabricant de cirages	»	1	»	1	
		Fondeur	»	»	1	1	
		Verrier	»	»	1	1	
		Cartonnier	1	»	»	1	
		Mécanicien	1	»	»	1	
			9	7	6		
SCEAUX	Charenton	Imprimeur	»	1	»	1	14
		Blanchisseuses	2	»	»	2	
	Sceaux	»	»	»	»	»	
	Villejuif	Blanchisseur	»	1	»	1	
		Electricien	»	1	»	1	
		Teinturier	»	1	»	1	
	Vincennes	Imprimeur	»	1	»	1	
		Fabt de papiers marbrés	»	1	»	1	
		Parfumeur	»	1	»	1	
		Blanchisseuses	5	»	»	5	
			7	7	»		

RÉCAPITULATION

Nombre de contraventions constatées en 1891 :

	INEXÉCUTIONS	ACCIDENTS	SURCHARGES	TOTAL	
A Paris	85	26	55	166	202
Dans les communes des arrondissements de Saint-Denis et Sceaux	16	14	6	36	
	101	40	61		

SECTION X

Dispositions générales (article 30).

L'article 30 de la loi du 19 mai 1874 portait que les articles 2, 3, 4 et 5 del a même loi seraient applicables aux enfants placés en *apprentissage* (1) et employés à un travail industriel.

Or, l'Inspection et les Commissions locales chargées de surveiller cette catégorie de jeunes ouvriers, ont reconnu que le nombre des enfants déjà soumis à la loi du 4 mars 1851 tendait à une diminution constante, chaque année.

« Les industriels sont découragés, a déclaré la 5e Commission locale; ils ne veulent plus faire d'apprentis. Les enfants, n'étant liés par aucun engagement, les quittent au moment où ils pourraient leur rendre quelques services. Si cet état de choses continue, certaines professions manqueront bientôt d'ouvrières habiles. Il faudrait donc une entente sérieuse pour relever l'apprentissage. »

On lit dans le rapport de la 17e Commission (Dames) : « La principale raison de cette diminution, c'est que les industries féminines qui, jusqu'ici, avaient résisté en partie au mouvement de suppression de l'apprentissage, imitent les ateliers d'hommes. La diminution du nombre des petits ateliers et des maisons de commerce de détail, la fabrication en grand des éléments que, auparavant, une bonne ouvrière confectionnait elle-même, mais qui lui sont aujourd'hui fournis tout apprêtés et qu'elle n'a plus qu'à assembler, rendent inutile la préparation d'ouvrières complètes. Trois ans, six ans d'apprentissage, paraissent trop longs aux familles, aux apprentis, aux fabricants; on veut gagner de suite; on oublie ses engagements dès qu'on trouve une occasion de gain. Il faut dire que les dures conditions imposées aux ouvrières ne sont pas faites pour rendre celles-ci plus malléables : à la

(1) On sait qu'il existe une loi relative aux contrats d'apprentissage qui a été promulguée le 4 mars 1851.

moindre réclamation on est remercié. Les anciennes relations familiales de patronnes à ouvrières sont remplacées par les rudes procédés des entrepreneuses et des contremaîtresses. Dans les professions où il suffit d'un peu de goût, de l'art de chiffonner une étoffe et de réunir des éléments divers (fleurs, plumes, rubans, formes toutes faites, feutre, paille, etc.), telles que les modes, la vulgarisation des arts manuels permet à presque tout le monde de faire soi-même son chapeau. *Les modes* (chapeaux) sont une profession perdue. La chapellerie d'enfants seule a conservé quelques vestiges de l'ancienne profession qui a fait la gloire de Paris. L'exportation même ne nourrit plus nos ouvrières en modes. Il en sera ainsi, peu à peu, de tous les métiers : chaussure, confection, passementerie, etc. »

La 13e Commission (Hommes) dit également que dans la plupart des métiers on ne fait plus d'apprentis : « Les enfants sont engagés comme simples manœuvres et dans quelques-uns même c'est devenu de règle, comme chez les plombiers et les couvreurs-zingueurs ; l'enfant doit y devenir, au hasard de ses ressources et de son énergie, ouvrier ; dans d'autres, où la division du travail est excessive, on prend bien encore des apprentis, mais c'est pour obtenir un travail non salarié et sans que l'enfant, occupé toujours à la même besogne, puisse jamais parvenir à apprendre le métier (1). »

Parmi les rapports du Service de l'Inspection, celui de l'inspectrice de la 4e section contient quelques renseignements spéciaux sur cette question de l'apprentissage : « Les enfants sont occupées comme petites mains et il est regrettable que les patrons emploient à leur égard le mot *apprentie*, alors que la plupart du temps on ne leur apprend que fort peu de chose : ce sont, en général, des coursières ou des petites ouvrières qui ne savent rien et que l'on paie en conséquence. L'apprentissage sérieux diminue chaque

(1) Voir l'étude très approfondie de la question dans le rapport présenté pour l'exercice 1890, par la 13e Commission locale (Hommes).

jour davantage et pour des causes diverses : les familles pauvres, désirant un rapport immédiat, placent leurs enfants soit dans le petit commerce, soit comme domestiques, soit comme petites mains dans des manufactures. Les familles plus aisées dédaignent l'apprentissage ; beaucoup s'illusionnent sur les ressources que l'instruction prolongée peut donner aux enfants, ils espèrent des places administratives.

» D'autre part, un certain nombre de chefs de maison, découragés par les difficultés qu'ils ont eues avec des parents peu scrupuleux, ne veulent plus faire d'apprentis ; ils sont las de voir les enfants les quitter avant le temps convenu et au moment où ces élèves pouvaient commencer à leur rendre quelques services. Le seul moyen de sortir de cet état de choses serait de rétablir l'ancien contrat, qui malheureusement est fort peu employé actuellement. Pourtant quelques industries ont conservé cette bonne coutume : les posticheurs, les brodeurs sur or, quelques fabricants de plumes et de fleurs, les polisseuses, font encore des contrats écrits, encore ai-je trouvé depuis peu des polisseuses qui y ont renoncé à cause des désagréments qu'elles avaient éprouvés. Cette industrie ainsi que celle des plumes, qui depuis longtemps a créé une société de patronage, a dû faire des efforts nouveaux et s'imposer de nouveaux sacrifices pour essayer de relever l'apprentissage. Pour aider les familles nécessiteuses et les encourager à placer les enfants dans cette industrie, la société de patronage des plumes a créé des « *groupes de famille* » dans lesquels vivent les apprenties. L'enfant quitte le groupe après le premier repas du matin, emporte son déjeuner de midi et rentre pour dîner. Elle est munie d'un carnet sur lequel est mentionnée l'heure de son arrivée à l'atelier et celle de son départ. Le dimanche, la jeune fille se rend dans sa famille si celle-ci peut la recevoir. Le prix de la pension payée par la Société à la directrice d'un groupe est d'environ 50 francs par mois et par enfant. Le contrat de trois ans assure habituellement à l'enfant 0 fr. 50 c. par jour la première année,

1 franc la seconde et 2 francs la troisième ; ces salaires aident à payer sa pension et le surplus est fourni par la Société.

» Voilà, ce me semble, une excellente innovation qui, si elle était étendue aux autres industries, pourrait faire revivre l'apprentissage si délaissé, surtout depuis que les patrons ne peuvent plus prendre les enfants à demeure. Si je suis entrée dans les détails de cette institution nouvelle, c'est pour mieux la faire connaître à ceux qui pourraient avoir la bonne pensée de l'imiter dans l'intérêt de l'industrie et des enfants pauvres. »

La création d'écoles d'apprentissage serait chose utile. C'est ce qui résulte des observations présentées par l'inspectrice de la 5e section dans son rapport du premier semestre 1892 : « Les parents, préoccupés de l'avenir de leurs enfants et disposés à faire les sacrifices nécessaires pour leur bonne instruction industrielle, trouvent d'autre part, à proximité de la 5e section, deux écoles professionnelles où les enfants peuvent apprendre dans d'excellentes conditions les différents genres de couture (robes, confections, lingerie), la broderie de fantaisie et la broderie d'ameublement, les modes, etc. »

De même, la Commission n° 22 *bis* (Hommes) a plaidé la cause des écoles professionnelles : « Puisque l'apprentissage ne se fait plus comme par le passé sous les yeux de contremaîtres expérimentés, il est grandement temps que les écoles professionnelles comblent le vide qui se fait dans les ateliers pour ne pas voir disparaître notre industrie artistique qui est la gloire de notre quartier. Puisque cette industrie artistique (*l'ameublement*) occupe le premier rang, souhaitons que nos apprentis, étant des enfants français, rajeunissent nos ateliers par le goût qu'ils rencontrent chez leurs patrons eux-mêmes français. Il faut éviter, dans l'avenir, que des apprentis étrangers travaillant chez les Belges ou des Italiens, leurs compatriotes, n'ayant d'autre mal que l'imitation sans avoir le génie de la création, deviennent eux-mêmes des ouvriers dont le travail sans goût fait déprécier malheureusement celui des ouvriers français ayant fait un apprentissage dans les écoles professionnelles ou autres. C'est dans cet ordre d'idées que nous appelons l'attention de l'Administration sur ce point. Puisque l'instruction et le service militaire sont obligatoires, pourquoi l'apprentissage ne le serait-il pas ? Ce serait logique ! »

La 24e Commission (Hommes) a constaté que l'instruction primaire suivait une marche ascendante alors que l'instruction professionnelle restait malheureusement stationnaire. Cette Commission voyait cependant avec satisfaction le développement des écoles professionnelles dans lesquelles les élèves acquièrent les connaissances pratiques ; et elle espérait que les professeurs appelés à donner l'enseignement technique aux élèves sauraient leur démontrer que « s'il est utile de posséder les connaissances pour faire un contremaître, il est encore plus nécessaire d'acquérir l'habileté de main d'œuvre alliée à l'étude du dessin pour devenir d'excellents ouvriers qui rehausseront encore le renom industriel et artistique de la France. »

TABLE DES MATIÈRES

Paris. — Imprimerie CHAIX (Succ. B), rue de la Sainte-Chapelle, 5. — 1758-92.

www.ingramcontent.com/pod-product-compliance
Ingram Content Group UK Ltd.
Pitfield, Milton Keynes, MK11 3LW, UK
UKHW022111190726
13855UKWH00002B/790